Friedrich von der Trenck

Der Geniestreich aller Geniestreiche nebst einer Fabel aus Schlaraffenland

Als Vermächtnis hinterlassen allen denkenden Männern & jungedlichen Brauseköpfen

Friedrich von der Trenck

Der Geniestreich aller Geniestreiche nebst einer Fabel aus Schlaraffenland
Als Vermächtnis hinterlassen allen denkenden Männern & jungedlichen Brauseköpfen

ISBN/EAN: 9783743457072

Hergestellt in Europa, USA, Kanada, Australien, Japan

Cover: Foto ©Andreas Hilbeck / pixelio.de

Manufactured and distributed by brebook publishing software (www.brebook.com)

Friedrich von der Trenck

Der Geniestreich aller Geniestreiche nebst einer Fabel aus Schlaraffenland

Der
Geniestreich
aller
Geniestreiche;
nebst
einer Fabel aus Schlaraffenland.

Als Vermächtniß hinterlassen allen denkenden Männern, jungedlichen Brauseköpfen, rechtschaffnen Aeltern, und tükischen Höflingen.

Das lezte aus dem Gefängniß in Paris hinterlaßene Werk,

von dem

Freiherrn von der Trenk.

Aus dem Französischen übersetzt.

Paris und Altona, 1796.

I.

Die Menschenrechte.

Wenn es wahr ist, daß jeder Mensch das Recht hat zu fordern, daß man ihn auf den Platz bringe, wo er den möglichst passenden Wirkungskreis hat, und natürlich die übrige Gesellschaft die Pflicht, diesem Menschen jenen Platz zu geben; so muß ich aufrichtig seyn, und gestehen, daß die Neu-Franken der Menschenrechten vortreflich zu genugsamen verstehen. Freilich würd' ich lügen, wenn ich sagen wollte, daß meine Neigung in einem Gefängniß zu leben sonderlich groß wäre — denn wer so lange die Freuden der Einsamkeit gekostet hat, wie ich, geräth wohl in Versuchung ein Gegenstück zu Zimmermann, ich meine die Freuden der Geselligkeit, zu schreiben: — allein, da über uns ein Schicksal waltet, daß vielleicht besser, als wir selbst, was uns frommt, versteht; so geb' ich mich geduldig, und denke „es muß so sein!"

Trenk! Trenk! zwar hast du graues Haar, aber doch keine langen Ohren — was hattest du hier zu suchen? — Alter! wärst du in Ungarn geblieben, und hättest ruhig deinen Wein getrunken, und ganz in Frieden dich zu Frischling, Schubart und D. Bahrdt versammelt — traun! es wäre gescheuter gewesen, als daß deine zwei voreiligen Beine noch so ein beissendes Pasquill auf deinen gesunden Menschenverstand gemacht haben! —

O die Menschenrechte, die Menschenrechte! — Aber so gehts, daß wer der Scylla entrinnen will, in die Carybdis fällt! — Und meiner Unbesonnenheit geschieht recht!

Wußt' ich doch, daß der Mensch nur das dem Menschen nehmen kann, was er selbst ihm gab, und einschränken, woran er gleichen Theil mit ihm hat, daß also, da keiner einem das Leben gab, er dieses ihm auch nicht veräussern darf, weil es noch obendrein Eingrif in die Rechte eines Höhern ist, mit dessen Autorität sich freilich manche Harpyen brüsten — weil — einmal kostet 's mich doch den Kopf, also heraus! — also, weil ein sinnloser Pöbel dumm genug ist — sich die politischen Vapeurs eines Usurpateurs gütigst gefallen zu lassen, und obendrein sich zu fürchten. Freilich wollten die Neu=Franken all den Gräuel abschaffen, die Rechte der Menschheit in ihre wahre Würde einsetzen, der Politik den magischen Mantel einer weiten Theologie abziehen, die Theologie selbst in die einfach erhabne Jesus Religion umwandeln, und jeden, Grossen und Kleinen nun zur allgemeinen Quelle einer ungetrübten Glückseligkeit, führen — freilich, aber

Es ist kein Ding das ärger schiert
Als wenn der Baur ein Herre wird.

Habe doch der Teufel eure Liberté und Egalité! wenn ihr sie nicht besser beobachten wollt, als es euch bisher beliebt hat! Bist du besser als der Kannibale, neumodischer Republikaner? Auch der frißt nur seine Feinde! Und wenn alle Menschen gleiche Rechte haben; so müssen dem Menschen auch die Rechte seiner Feinde heilig und unverletzbar sein! Und jedes Menschen unverletzbarstes Recht ist das auf sein Leben, das er so wenig sich selbst, als es ihm ein Fürst, nehmen darf, oder er ist Selbstmörder, und dieser Mörder, wie auch den letzten eine mißverstandne Theologie, und ein hektisches Gesetzbuch mit tausend widersprechenden Cautelen, zu vertheidigen streben möchten.

Wie gesagt, Neu-Franke! du hast schlecht Wort gehalten!

Ludwig — was konnt' er dafür dein König gebören worden zu sein? Absetzen mochtest du ihn, wenn er zu schwach war, wie er es denn war, aber das Leben nehmen? — Nein, das kannst und darfst du nicht, und wenn er dich bis aufs Blut gedrückt gehabt hätte, wie der Schwache das nicht einmal gethan hat.

Sieh, wie unbesonnen du bist! — Aber auch undankbar und niederträchtig bist du! — Thomas Paine! theurer, hehrer Name! der dein eifrigster Vertheidiger war, den mordtest du? — Pfui! du hast dir ein Schandfleck angehängt, das nichts je verwischen kann, hast dich stinkend gemacht unter den Nationen! —

Aber, Grauer! das hättest du eher überlegen sollen, da hättest du nicht nöthig jezt im Käficht Litaneien zu singen!

Beim Element! was könnt' ich jezt für ein Kerl sein! — Aber die verfluchten Geniestreiche! da wills groß sein, und dreht und macht! — da gehts nicht wieder andre ehrliche Leute, das soll fliegen! — Am Ende aber, was kommt heraus? — Ein zerschmetterter Hirnkasten! —

Wenn

Wenn ich so überdenke, was ich in meinem Leben alles gewesen bin — Liebling des einzigen Königs, Soldat dreier Monarchen, jezt von allen Freuden umdrängt, nun der düstre Freund einer philosophischen Spinne, heute von Fürsten gesucht, morgen mit Geschenken überhäuft daß ich nur wieder gehen möchte, jezt ein glücklicher Landwirth, dann ein Schriftsteller, und hier wieder Proteus — bald Wahrheitsfreund, bald Lügner, bald Apologet für das Laster, und Lästerer der Tugend, und selten Liebhaber der Gerechtigkeit, — in jeder Lage so ein kauderwelsches Quodlibet, daß ich oft selbst nicht weiß, ob ich mich lieben oder verabscheuen, entschuldigen oder strafen soll.

Aber daß ich den Geniestreich aller Geniestreiche gemacht habe, und noch einmal die Welt durchzogen bin, daß Bauerweiber und Gassenjungen mit Fingern auf den alten Narren wiesen, den Magdeburg weder mürbe noch gescheut gemacht hatte, und nach Frankreich lief die Menschenrechte zu vertheidigen, das ist, so wahr ich Trenk heiße; — Prügel ist das werth! — —

Doch, Freund Trenk! ich dächte ein Bischen zu alt wärst du nun wohl zum Lügen. Gesteh' es also nur aufrichtig „die Menschenrechte zu vertheidigen bist du nicht hergekommen!"

Hm! 's ist wahr. Ich habe obendrein, zwar der rothen Mützen übersatt, aber der Menschenrechte zur Zeit noch gar wenig hier vermuthet. Wenn der Fischer Fische fangen will, dacht' ich; so macht' er entweder das Wasser trübe, oder wartet bis eine trübe Wolke über dem Wasser hängt. — Wie es aber scheint, will man hier die Privilegien sich nicht so leicht nehmen lassen, als die sächsischen Buchhändler sich die ihrigen von dem litterarischen Diebsgesindel in Wien, Carlsruhe, Reutlingen, ꝛc.

Wie mir aber auch das einfallen konnte, da hier kein — kaiserliches Privilegium gilt!

Aber auch das hätt' ich zum Voraus überrechnen können, und also ganz ruhig in meinem Ungarn bleiben. In dem ruhig aber — freilich in dem liegt der große Hund begraben. Ich mag demnach das Ding drehen und wenden, wie ich will; so bleibt es doch immer dabei „mein Schicksal!" — ich mag es betrachten von welcher Seite ich will, immer ergiebt sich das nämliche Resultat „du hättest im Anfange gescheuter handeln sollen."

Freilich

Freilich wenn ich jezt noch einmal die ganze Bahn durchlaufen sollte, würd' ich es gescheuter anfangen! — Würd' ich wohl? O du lieber Gott! man hat mir bei manchem im Voraus gesagt „so kommt's!“ aber ich habe nicht gehört, und so so macht' ich auch vielleicht alle die dummen Streiche da Capo. — O, kein sonderbarer Ding giebts als den Menschen!

Du wirst ernsthaft, Graukopf! aber, bey Gott! du hast auch vollwichtige Ursache dazu. — O daß ich alle die Jünglinge, die mich auf meiner Reise wie ein Wunderthier anstaunten, daß ich alle Aeltern, jezt um mich versammeln könnte, und jenen sagen und diesen, „so müßt ihr handeln, so handelte Trenk, so Trenks Aeltern, und siehe da, es wurde nichts daraus!“

Das kann ich nun wohl nicht, aber wer wehrt mir's meine Gedanken dem Papiere anzuvertrauen? Ich habe ohnedem die Welt ob mancher Lüge und Ungerechtigkeit um Verzeihung zu bitten, die erste will ich deshalb andeuten, und ein grösseres Licht über den Gang meiner Geschichte verbreiten, und die leztere dadurch zurücknehmen. Ich will zugleich den einzigen Geschichtspunkt angeben, aus

 welchem

welchem Jünglinge mein Leben betrachten müssen; und auf diese Art so allgemeinnützlich werden, wie ich es in meinem Leben nie sein konnte. Nach meinem Tode wird man meine Papiere finden, und ich bin überzeugt, daß sie, da meine übrigen Schriften nicht unbeträchtlichen Absatz gefunden haben, und doch mancher für mein Schicksal sich interessirt hat, daß sie nicht unbenutzt verloren gehen werden. Ich bitte sie als mein Vermächtniß anzusehen!

2.

Blick auf mein ganzes Leben.

Es giebt gewisse Menschen, in deren Leben ein Geniestreich den andern jagt, wo mit Verwunderung der Umstehende ausruft: „Mein Gott! wird denn der nie gescheut?“

Guten Leute ihr! o er ist lange gescheut, er ärgert sich über seine Handlungen, aber er kann nun nicht anders handeln, oder eine bange unabsehbare Kette von Wirkungen und Folgen müßte aus dem Zusammenhange der Zeit herausgerissen

werden.

werden. O mit wie vielem würde solch ein Armer nicht oft die erste unbesonnene Handlung, wär's möglich, zurückkaufen! — Umsonst! er kann nicht! Und so bleibt er denn auch in den Augen seiner Zeitgenossen ewig, nach Beschaffenheit der Umstände, entweder ein Narr, oder gar ein Niederträchtiger.

Aus diesem Wenigen aber ergiebt sich schon, wie voreilig, ja wie ungerecht dieses geurtheilt sei. Aber das ist bei weitem noch nicht alles, was ich anführen könnte. So muß man auch jederzeit eines Menschen körperliche und geistige Stimmung und Cultur berücksichtigen.

D. Bahrdt wurde durch einen einzigen unbesonnenen Streich — den er bei einer andern Erziehung nicht einmal gemacht haben würde — Avanturier, ich auf die nämliche Art das nämliche. Rousseau hingegen ist durch seine unbesonnenen Jugendstreiche der Abgott einer ganzen Nation geworden. Es möchte dies hart gesagt scheinen, abrr ich kann es beweisen, und gegen Beweise kann selbst die scrupulöseste Obrigkeit nichts einwenden.

Rousseau hatte einen etwas kränklichen Körper. Wer Menschen beobachtet hat, muß wissen, daß solche Menschen bei ihren reizbaren Nerven sehr zur Schwärmerei geneigt sind, und das war bei Rousseau der Fall. Bekannt genug ist es aus seinen Bekenntnissen, wie oft schlimm damit er angekommen ist, wenn sie ihn — was nicht selten geschah — zu dummen Streichen verleitete. Dadurch ward er Menschenfeind, und floh die Menschengesellschaft. Diese sanftere Timonie athmete sein Contrat social, und machen die Hauptzüge seines Emile und seines Werks de l'inegalité des hommes aus, auf welche die Constitution der Neufranken sich — stützen will.

Bei seinem Leben aber hat er auch diese Früchte nicht eingeärndet, und er hat nur — wobei man füglich verhungern kann — den Nachruhm.

— Meine Unbesonnenheit hat nie so guten Ausgang gewonnen, und wird und kann ihn auch ewig nie gewinnen, vermöge meines individuellen Charakters. Ich hätte hier eine gute Gelegenheit der Gottheit die Hälfte meiner Schuld — daß ich so sagen mag — auf den Hals zu bürden, und die beliebte Sitte unsrer tollhäuselnden Romanenhelden nachzuahmen, wo sie keck und weinerlich komisch tragerirend hintreten, und ausrufen: „Warum hat mir Gott dies Herz gegeben!“ Je, du

Narr,

Narr, daß das Blut hübsch im Umlauf bliebe, und du dich freuen könntest, aber, zum Element! du hast ja auch einen Kopf, warum willst du denn den nicht auch brauchen? . . .

Nein, es ist dem Menschen kein Charakter angeboren, sondern er muß sich diesen erwerben. Puppen braucht unser Herrgott nicht. . . .

Ich, vermöge meines starken, nervigten, ausdauernden Baues, bei dem die drückendste Sonnenhitze, und die schneidendste Kälte, beide mich gleich wenig rührten, würde zwar nie ein Rousseau haben werden können, aber, zumal da ich Kopf und Herz besaß, einer nicht der schlechtesten Generale, der hätt' ich werden können, und so die Hofnungen, die sich der große Friedrich von mir gemacht hatte, erfüllen.

Jedoch, ehe ich weiter noch eine Zeile schreibe, will ich meinen Charakter schildern, und er wird Licht auf alles werfen.

Stolz war mein Hauptzug, und Verlangen nach immer höher emporstrebender Ehre.

Wie die Funken dazu in mir angefacht, und allmählig immer genährt wurden, das leuchtet aus der Beschreibung meiner Erziehung im ersten Bande meiner Biographie deutlich ein.

Diesen

Diesen Stolz aber und diese Ehre glaubt' ich nur als Soldat befriedigen zu können, und als Soldat einst einen hohen Posten zu begleiten — o, wie schwindelte mir bei der Vorstellung.

In dieser Periode — der glücklichsten meines Lebens, wo die ganze Zukunft noch schön wie eine Mailandschaft sich vor des Jünglings trunkenen Blicke dehnte — las ich die Schriften der Römer. Cäsar, Livius und Tacitus! welchen Genuß gewährten sie mir, und wie befestigten sie mehr und immer mehr jene Hauptzüge in meinem Charakter! Ein gewisser Heldengeist wurde mir da schon frühzeitig eigen, aber es blieb auch — Republikaner Starrsinn in mir. Cato, Brutus! die waren meine Männer! Allerdings paßte dieser Geist nicht ganz zu Friedrichs Regierung, die sich gewissermaßen zum Despotismus neigte, was unter vielen andern der einzige, von so vielen als klein übersehene Umstand sattsam kündet, daß er sich nicht mehr König in Preußen, sondern König von Preußen, nennen ließ. Erhellt nicht daraus, daß er seine Unterthanen als sein Eigenthum, nicht als anvertrautes Gut betrachtet habe, wie der Jurist im Kapitel von den Sklaven sich ausdrückt, als rem nicht als personam? Genug aber, ich

gewöhnte

gewöhnte mich frühzeitig den König blos als Repräsentanten der Nation mir vorzustellen.

Man vergesse nie diesen Zug, denn er hat in der Folge auf mein Leben den wichtigsten Einfluß.

Religion — man weiß ja schon, ist bei dem Adelichen ein bloses Nebenwerk. Die Prediger sind bürgerliche Canaillen, und noch obendrein so mürrische, scrupulöse Sittenrichter, daß sie der nach feinerem Tone gebildete Mann ohnmöglich goutiren konnte. Offenbarung war überhaupt meinem lebhaften Geiste eine viel zu kritliche Sache, als daß lange Beschäftigung mit ihr, mich hätte erfreuen können. Aber ich war dabei voreilig genug mit der Schale auch den Kern wegzuwerfen, die Moral der Religion mit dem Wuste der Theologie. Mir selbst aber aus Grundsätzen der Vernunft eine Moral aufzubauen, dazu war ich viel zu schwach, und hielt auch überdieß moralische Empfindungen, und religiöse Gedanken höchstens zum sonntäglichen Zeitvertreibe für den Bürger und Bauer brauchbar. Noch indem ich dieses niederschreibe, ist es mir ein Problem, ob man für die Diener der Religion allgemeine Ehrfurcht einpräge, oder nicht? — Beides hat große Schwierigkeiten, die nur dadurch gehoben werden könnten,

ten, daß man dem Kinde wahre Moral einflößte ehe man sie Religion, und Diener derselben kennen lehrte.

Dem allen zu Folge aber, was mußte aus mir werden?

In monarchischen Staaten geht die eigentliche Erziehung gewissermassen erst an, wenn man als handelnde Person in den Staat tritt.

Und nun — ja Stolz und Ehre waren die Hauptzüge meines Charakters! Diese Ehre aber — freilich war sie ein Vorurtheil.

Man kennt meine Konvenienz mit Friedrich. Durch sie erhielt ich jene stolze Bescheidenheit, die ihre eigne Größe für die Größe eines Andern abzulegen scheint, und jene biegsame Hofmäsigkeit, der es schmeichelt, einen Strahl der Sonne um die sich alles dreht, gegen Andre abglänzen zu lassen, kurz, ich wurde was man unter der Benennung honette — homme zu begreifen pflegt.

Ich erhielt zwar nie ganz jene Galanterie, die nur auf Herzenseroberungen ausgeht, aber ich wurde geschmeidiger.

Diese gefügige Geschmeidigkeit nun aber, mit meiner männlichen Stärke vereinbart liessen mich

hoffen,

hoffen, einst immer höher zu steigen, und ein ungeduldiger Trieb in mir rief unablässig: „bald!"

Nachdem was ich oben von meiner Moralität gesagt habe, läßt es sich nun zugleich erwarten, daß meine eigensinnige Ehre die Tugenden, von denen mein Kopf keinen gesunden Begriff hatte, nach selbst eignem hohen Belieben modelte. Ich machte mir eigne Regeln und eigne Pflichten, die ich aber sogleich bei veränderten Umständen umzuändern kein Bedenken trug.

Mein ganzes System oder Aggregat von Ehre drehte sich deshalb um — Konvenienz herum! Und wenn ich sage, Stolz war mit dieser Ehre verbunden; so sage ich weiter nichts als dieses: „Ich fühlte mich getrieben, keinem andern den Vorrang vor mir zu lassen."

Die Wahrheit pflegt ich gern jeden, den König nicht ausgenommen, zu sagen. Nicht etwa als ob ich ein so groser Patron von dieser Göttin gewesen wäre, Gott behüte! sondern — daß man mich als einen herzhaften Kerl anerkennen möchte. In der That schien ich auch dadurch in Friedrichs Augen keineswegs verloren zu haben.

Eins nur, was Friedrich in gewissen Augenblicken zu heischen schien, da er es in den meisten andern durchaus nicht dulden konnte, daß man nämlich Furcht vor ihm haben sollte, dies einzige konnte mein Römer Starrsinn nicht über sich gewinnen.

Dies war mein Charakter. Ich habe mir nicht geschmeichelt, das wird jeder leicht selbst sehen, und konnte das um so weniger thun, als eingedenk ich jedes Wort meines Vorhabens schrieb.

O, wenn ich so mein Leben betrachte; so find' ich, daß das Ganze desselben nicht einen verworrenen Knoten ausmacht, sondern leis' allmählig an einem Faden fortläuft. Ich glaubte einst, — doch davon will ich, zu mehrerer Belehrung, weiter unten reden.

3.

Etwas über Friedrich.

Es ist vieles, gutes und mittelmäßiges über ihn geschrieben worden, und man könnte füglich von diesen Schriften eine Bibliothek errichten, die ich zu vermehren, nicht eben gesonnen bin. Der neuerlich verstorbne Herr Ober-Consistorial-Rath D.

Anton Friedrich Büsching hat sich bemüht, alles was auf ihn ein zweideutiges Licht werfen könnte, ich weiß nicht ob aus Inspiration oder eigenem Antriebe, zu sammeln.

Geist des Großen! — glaube nicht, daß ich dich mit Herabsäuseln inkommodiren werde, denn ich glaube wohl, daß du wichtigere Angelegenheiten zu besorgen hast — aber, verzeihe dem Doktor!

Alles was man mit Gros zu benennen pflegt, vereinigte sich in Friederich. Er war Fürst, und kannte nicht blos seine Rechte, sondern auch seine Pflichten. Sein Volk glücklich zu machen, war immer sein Bestreben, und er ließ es warlich nicht beim blosen Wunsche, sondern achtete des Schlafs und der Ruhe, der Bequemlichkeit und der Freuden nicht, um diesen erhabnen Zweck zu erreichen. Und er hatte wahre Begriffe vom Völkerglück. Nicht in einen schwelgerischen Luxus der von Cultur die Schminke leiht, in einen geschäftigen Müssiggang, wo man sich den Anstrich eines Schöngeistes zu geben sucht, der Vorbote ist des Todes wahrer Gelehrsamkeit, wo es Opern Arien trallert, in Concerten sich zur Schau aufführt, und über Wieland — Rezensionen macht! sondern in jene immer rege Betriebsamkeit, die den Körper des Staats auf gleiche Weise blühend erhält, wie der Umlauf der Lebenssäfte die Seelenhülle des Menschen. Sie mußte von zwei Extremen, der Armuth und der Schwelgerei seine Unterthanen gleich weit entfernen. Gelehrter war er selbst, Philosoph und Dichter, und schätzte und nährte deshalb — wahre Gelehrsamkeit und wahre Kunst. Er unterschied dabei genau die Politik von der Religion, und diese von der Moral, woher der sanfte Geist der Duldung sich schreibt, der nur noch vor einigen Jahren in den preußischen Staaten athmete, und dem sie noch immer eine Menge der aufgeklärtesten, helldenkendsten Männer verdanken.

Mit eben dem Adlersblicke, mit welchem er diese Grenzen von einander zu trennen wußte, sah er auch in die Kabinetter Europa's, und jedes mußte dem Nutzen seiner Länder steuern. Im Kabinette und im Felde war er gleich groß, und hier wie dort gleich scharfsinnig jedes zu seinem Vortheil zu benutzen. Da jenes Herzberg, dieses Archenholz hinlänglich bekannt gemacht haben, so finde ich nicht nöthig, weiteres hier anzumerken.

Kurz,

Kurz, in jedem Betracht verdient Friedrich — der Einzige benannt zu werden.

Was Wunder aber auch wenn Friedrich dies wußte? — Hauptpolitik war's, dies wissen, und nicht wissen zu wollen scheinen. Im blauen abgeschabten Oberrocke, dem durchgriffenen Huthe war der große Friederich — größer. Nicht Bescheidenheit war es, die dieses ihm thun hieß, sondern — Stolz.

Wenn man in der Sonne Flecken bemerkt; so bleibt sie nichts desto weniger des Tages allüberstralende Königin, und wenn man an Friedrich Flekken gewahrt; so ist man immer geneigt, sie für den Schatten im Gemälde zu halten, ohne welchen das Ganze verlieren müßte.

Friedrichs kleine Fehler sind so leicht verzeihlich, weil sie ganz in der Natur des Menschen gegründet sind.

Was Wunder, wenn Friedrich, erhaben durch Würde und Geist über sein ganzes Land, von eben dem Geiste beseelt war, der jeden seiner Unterthanen, um so mehr, je näher er dem Throne stand, oder zu stehen glaubte, beseelte, von jenem Geiste, der von der monarchischen Regierungsform ewig unabtrennlich bleibt — dem Geiste der Ehre!

 daß

daß dieser aber in einem verhältnißmäßigem falschem Gefühl bestehe, hab' ich schon gesagt, und mag es hier nicht wiederholen. Auch das nicht, daß ich gesagt habe, die Ehre der Monarchie bestehe im Vorurtheile, und sei keineswegs die wahre Ehre, die auch unbekannt in einer Hütte zwischen Schweizer — Alpen leben kann.

Nun aber — Vorurtheile bei Friedrich? Vorurtheile bei einem Philosophen?

Freilich saß Friederich auf dem Throne! Freilich war er Philosoph, aber auch auf dem Throne, und in der durchlöcherten Nachtmütze der Metaphysik bleibt man immer — Mensch, und behält Neigungen, und Leidenschaften, Schwachheiten, Thorheiten und Lieblingssünden.

Man verlange demnach auch nicht, daß Friederich über den Kreis menschlicher Natur hinaustrete. Daß er selten, ungern und nur Noth gedrungen, Bürgerlichen Officierstellen gab; daß er oft den Menschen nach den ersten flüchtigen Aeusserungen beurtheilte; daß er, wen er einmal haßte, dem nicht vergab; daß er selbst da, wo er gefehlt zu haben sich eingestand, nicht widerrufte: — welcher Vorurtheilsfreie mag dies nicht Vorurtheil nennen.

Ein

Ein Glück für ihn, und seine Unterthanen, daß er — Friederich war. Ein Meisterstreich des Schicksals, das ihn früh mit Noth kämpfen ließ, mit Verachtung belastete. Er floh so das bunte Ameisen Gewimmel des Hofs, und lebte — den Wissenschaften! — O, man sollte füglich der Noth Altäre bauen, sie hat so manchen grosen Mann erzeugt! — Moses, Peter der große, Friederich! — Die Wissenschaften hellten Friederichs Kopf auf, erweiterten seine Seele, schärfeen sein Auge; daß er das Kleine auch Klein sah, und immer nur das Große im Auge hielt, wo natürlich seine Bestimmung als Fürst nicht die unterste Stufe einnahm.

Ohne diese Noth und diese Muße in der Einsamkeit, welche ihm als Prinz wurden, wäre Friedrich in seinem Lande despot, und für das Ausland ein Verheerer geworden.

Daß ich nicht zu viel sagte, werd' ich beweisen.

Ich habe zugegeben, daß Friederich seine Bestimmung kannte, und dafür redet sein angebautes Land, dafür die Betriebsamkeit desselben, dafür endlich der Enthusiasmus, mit dem man in seinen Staaten, all überall von ihm spricht.

O, war es denn ein Fehler, daß Friederich wußte, wie er sein Land beglückte? daß er stolz darüber ward? daß er das Meiste nun für seine Größe that? — Nein, nein! So wäre die ganze Menschheit ein einziger großer Fehler!

So ists. Noth machte seinen Geist hell, diese Helle des Geistes ihn groß, diese Größe, stolz, dieser Stolz übermüthig.

Uibermüthig? — Wurd' er nicht König von Preussen? War nicht jeder Befehl von ihm unwiederruflich? (Man gehe unparteiisch einmal die so bekannte Arnoldsche Geschichte durch.) Behandelte er nicht alle Entwürfe der Kabinetter wie Schulknaben Exercitia? Lächelte er nicht bei den fein angelegtesten Schlingen? —

Daß er denen, die ihm nach dem Leben trachteten, die ihn bestohlen, und betrogen, mit einer Miene anscheinender Gleichgiltigkeit, verzieh, macht, daß er — groß war.

Kurz, Friederich war Friederich, und selbst seine Fehler müssen zu seiner Größe steuern. Nur in Augenblicken war er Despot, im Ganzen der liebenswürdigste Vater seines Volks. Zwar auch Despot — denn seine Gesetze waren streng wie spartanische, und mancher, mancher hat geseufzt!

aber

aber genau erwogen, dienten sie doch stets zum Glück. Soll ich einen Beweiß davon geben? — Kein sicherer, als der, daß nach seinem Tode tausend Leben gewiß für die Wiederherbringung des seinigen sich hingeopfert haben würden. Ein Kaufmann aus Halle, schwur mir einst in D. Bahrdts Weinberge, daß er mit Stecknadeln ihn aus der Erde zu graben bereit sei, wenn er nur ihn unter die Lebendigen wieder dadurch versetzte. — Und hatte nicht Friederich so äusserst streng die Einfuhre des Kaffees und fremder Waaren verboten? — Dennoch aber hatte der Mann sich glücklicher unter seiner Regierung gefühlt. —

Man verzeihe mir eine kleine Ausschweifung, die ich über die Strenge der Accise auf ausländische Waaren gelegt, mache. — Manufakturen wurden angelegt, tausende erhielten dadurch Brod, und — das Geld blieb im Lande. — Wäre Kaffee ins Land gekommen, — o! Friederichs Soldaten hätten nicht jene Wunder im siebenjährigen Kriege gethan! So aber waren alle stark und nervig wie unsre Urväter in den Eichenwäldern, und starke Väter, gesunde Mütter versprachen auch eine dauerhafte Nachkommenschaft. Dem Landmanne ward sein Schweiß besser belohnt, und —

 auch

auch dafür blieb das Geld im Lande. — — Wird man nun noch ungehalten sein über Friederichs Strenge?

Grösse und Ubermuth Friederichs, o daß du über allen waltetest, die einen Thron besteigen, Genius der Menschheit, der so oft über deren Unglück eine Thräne geweint hat, wenn es dir ein Ernst ist Nationen zu beglücken, gleichviel ob sie in Lappland oder Libyen wohnen, — halte, o! halte jedem Herrscher — dem Könige, und dem Nabob, dem Kaiser und dem Caziken, den Spiegel der Grösse, und des Ubermuths Friederichs vor, daß sie ihr Bild — ein Miniatur-Gemälde gegen Friederichs Statue! — darin erkennen.

Worin bestand nun wohl seine Grösse, und sein Ubermuth?

In der Begründung, und der Befestigung des Glücks seines Volks! Seine Grösse gieng mit diesen stets in gleichem Paare. — Doch, doch, Trenk was war das? — Lügen will ich nicht, nicht Friedrichen, was ich einst ihm nahm, jezt doppelt geben — Wahrheit leite meinen Kiel.

Nur die Ehre allein bewerkstelligte jenes. Die Grösse, eine Tochter jener, erregte einen — Despotengeist, der im Ubermuth zuweilen über-

spruspielten. Beispiele hab' ich schon angeführt, und ich muß zurückkehren.

Ehre und Hang nach Größe, beide gegründet in einem Gefühl des Stolzes machten also auch den Hauptzug seines Charakters aus. Deshalb unterschied er die Politik von der Religion. — Sich gängeln lassen, und wär' es von Gott gewesen — das war Friederichs Sache nicht. Er, der das ganze System von Europa umstürzen wollte, wußte zu gut, daß Moses nur — kluger Politiker war, und daß ein ehrlicher Mann nicht mit einem Kinnbacken zehntausend Mann tod schlägt, es wäre denn, daß es — ein Esels Kinnbacken sei. — Er glaubte, ein Fürst habe mehr zu thun, als in der Bibel zu lesen, und hielt den Livius und Tacitus nicht minder als den Moses für seine Bibel. — Und in der That! wer sich so ängstlich bemühte, innerhalb des Geleises des Gewöhnlichen und Hergebrachten zu fahren, ward nie ein großer Mann.

Diese Hinwegsetzung über alle, wenigstens religiöse Ceremonie, verursachte jenen sanften Geist der Duldung, durch welchen Jude, Bramine, Mahumedaner und Christ, Lutheraner, Zwinglianer und Katholik, wie Glieder einer einzigen Familie, traulich und ruhig bei einander wohnen. Wenn ich aber sage, er schied auch Religion von Moral, so versteh' ich unter der erstern die herkömmlichen Ceremonien, die er selbst nicht beobachtete, obschon die letztre. Friederich wußte aber zu gut, daß hier umändern wollen, sich verhaßt machen, heiße, und machte sich deshalb zum Grundsatze:

„Glaubt, was ihr wollt,
Gebt was ihr sollt!"

Daß jeder Fürst diesen Satz beglaubigte, wie Friederich, und — Joseph! — Nichts frißt dem Bauer und Bürger des Fürsten Größe mehr weg, als das Kuttengeschmeiß, das um so gefährlicher ist, je mehr es mit dem Ansehen eines Höheren seiner Kleinheit einen Anstrich von Größe geben möchte. — — —

O, es war beinah unvermeidlich, daß Friederich nicht hätte übermüthig, nicht despot werden sollen. Und er war's. In Augenblicken freilich mehr, als im Ganzen. Da betrachtete er sich als Wesen höherer Art, wollte Furcht einjagen, und selbst die Tapferkeit, welche er sonst Schwester und Geliebte grüßte, sollte da über sein zornfunkelndes Auge — zittern! Jene tapfre Unbefangenheit aber, welche man mit dem Namen

Keckheit

Keckheit zu stempeln pflegt, mochte er zu keiner Zeit vertragen. — Warum? — Weil sie auch dem König sogar sich an die Seite zu stellen, eigenmächtig, und gleich als wär' es nichts, strebt! —

Ganz so, wie ich jezt ihn schilderte, war Friederich. Jeder, der ihn kannte, muß ihn in meinem Gemälde wiederfinden, wo er nicht geschmeichelt, aber auch durch Sudelei nicht unkennbar gemacht worden ist. Und wenn es wahr ist, wie ich das gern glaube, daß nur durch den Bestimmungsgrund einer menschlichen Handlung, ihr Werth hervorleuchtet; so glaub' ich nichts ganz unwürdiges gethan zu haben, wenn ich die Welt in den Stand gesezt habe, dieses Wunder des achtzehnten Jahrhunderts, Friederichen zu würdigen, was ich bisher noch nicht geschehen glaube, da man ihn gewöhnlich durch leere Exclamationen, wobei weder der Psycholog noch der Geschichtschreiber etwas gewinnen, zu erheben gesucht hat. —

Ob Friederich gerecht war? —

Da er dem Müller die Mühle nehmen wollte, zu seinem neuen Lustschlosse, dieser aber sie ihm durchaus nicht abtreten wollte, und Fritz ihm sagte: „Höre, ich bin König, ich könnte sie dir wohl nehmen!“ antwortete er ihm: „O ja, Ew. Majestät!

jestät! wenn kein Justiz-Kollegium in Berlin wäre!" — Friederich lächelte, und der Mann behielt seine Mühle.

Da die Prinzeßin dem Kläger ob ihrem Kontrebande mit Ohrfeigen lohnte, und dieser über äusserst ungerechte Behandlung sich beschwerte, sprach er: „Ein paar Ohrfeigen von schönen Händen bekommen zu haben, sei keine Schande, und um die Accise komme er."

Ob er billig war?

Ein Soldat wurde wegen Kontreband, zu einer Geldbuße von 2000 Thlr. verdammt. Friederich schrieb unter das Urtheil, „Bevor man es executirt, bin ich neugierig die Mittel zu wissen, wodurch man von einem Soldaten 2000 Thlr. erhalten will."

Trenk aber — — Hm! Hm! — So war er an dir also wohl ungerecht? Wohl unbillig? He! — Alter! ich dachte du wolltest nicht lügen. Steht denn dieser Teufel ewig hinter deinem Autorpulte?

Nun, so bin ich denn jetzo auf dem Punkte. Einzeln hat nun die Welt den alten Trenk, und einzeln den seligen Fritzen gesehn. Nun wollen wir beide selbander auf den Schauplatz führen.

Ich

Ich will ganz den Schauspieldichter machen, und den Knoten, nun ich vorbereitet habe, erst verwickeln, dann aber entwickeln. Was ich als bekannt voraussetzen kann, laß' ich weg, und — so sauer es auch vielleicht mir ankommen möchte — will ich in meiner Darstellung mit dem Nützlichen die Unterhaltung verknüpfen, was vielleicht mancher Leser mir danken dürfte, dem der eigentliche Trenk, wie er ist und lebt, nicht hinlänglich intereßiren möchte.

Die ersten Linien sind gezogen. Wohlan denn! zur Ausführung nun!

4.

Trenk der Fähndrich.

Ein Fähndrich sein — zumal ein nagelneuer! — ei sur mon honneur! ist wenigstens eben so viel als halb Europa beherrschen. Geschniegelt und gebiegelt, wie man ist, glaubt man Aller Bewunderung auf sich ziehen zu müssen, und — o begeistert ist man, total begeistert! Jeder Baum und jeder Strauch und jede Volgelscheuche hat da Leben

ben um ihn her, und all was lebt, zollt seine Bewunderung — dem Fähndrich! Im einsamen Thale, zwischen unfruchtbaren Steppen, im Felsgeklüft, geht man so stolz und groß, und gereckt einher; setzt man so tanzmeisterhaft — martialisch den blanken Fuß, daß es — eine Art hat! — Genug, nichts geht über den neugebacknen Fähndrich.

Ein Menschlein dieser Art, war der Freiherr von der Trenk. Er wandelte einst nach den Müggelsbergen hinauf, wie jeder leicht sich denken kann; als stünd er vor der Spitze eines Helden-Häufleins, mit abgemeßnen Schritt, und barscher Miene, die um so barscher war, je minder er fürchten durfte, von den Bäumen ausgelacht zu werden, denn vor dem Fentchen, welcher ich damals eigentlich noch war, glaub' ich, hätt' auch eines Kroaten Herzhaftigkeit nicht an seine zwei gesunden Beine appellirt. Ich hörte nicht des waldigen Bergs weidende Hirsche schreien, hörte nicht der Vögelgesang, sah nicht den schwarzwogenden Müggelsee, und Berg und Stadt und Dorf, Fluß, See, und Wald und Wiese, waren jezt ein grosses Nichts für mich!

Ich jagte schon in meinen Gedanken den Türken aus Europa, und die Oesterreicher durch ein

Knopf-

Knopfloch, und mein Muth schwoll so entsetzlich an, daß ich mein spanisches Rohr wüthend empor hub, und einer Eiche solch einen unbarmherzigen Schlag versetzte, daß sie — — ja, daß Eiche stehen blieb, und mein Rohr in drei Stücken sprang!

Ich muß noch lachen, so oft ich des Vorfalls denke, aber ich möchte auch weinen, daß dieses ominöse Stückchen den Brausekopf nicht behutsamer spielen gelernt hat. — Alle Eichen blieben stehen, aber mein spanisches Rohr gieng immer entzwei!! — Aber ich ärgerte mich so über die impertinente Eiche, daß ich sie verächtlich mit dem Fuße trat!

Auf einem Anhange des Müggelsbergs warf ich mich nieder, ungehalten, daß es meinem Niederwerfen das Bischen Quark von Erde nicht dröhnen wollte, wie bei den Riesengöttern der alten Fabelwelt. Ich blickte freier in die Gegend um mich her, und es begann die Läppscherei in mir fortan ernstern, würdigern Gedanken Platz zu machen.

Groß werden — war das Thema zu meiner dermaligen Meditation, und das wollt' ich durchaus, es koste auch allenfalls den Hals. — Wie

aber

aber anders konnt' ich gross werden, als wenn ich Friederichen mich näherte? Er die Sonne — ich der Mond — so meint' ich seien die Rollen zur Noth ganz artig vertheilt, da selber Sonne zu sein einmal Unmöglichkeit war.

Daß ich bei dieser Gelegenheit meine reichliche Portion schwindelte, wird mir jeder gern glauben, aber man erlasse mir es erst einzeln alle die Schwindeleien herzusetzen. — Supplire das gefälligst jeder aus seiner eignen Erfahrung, und greife, daß er nicht lache, jeder in den eignen Busen.

Groß zu werden bei Friederich, dazu aber war ein Gelegenheitsmacher nicht hinlänglich, denn er brauchte weder maitres de plaisir, noch Charges d'amour. Er war abgesagter Feind zugleich aller Haasen im Felde, aller Esel im Kabinette, und der Kopfhänger aller Orten.

Mann mußte man sein. Der aber ist zur Noth ein derber Bauer auch, — man mußte mit Herzhaftigkeit Tapferkeit, mit Witz Kenntnisse, mit allen raschen Entschluß verbinden, wenn man Friederichs Mann sein wollte. — —

Hu, wie klein, wie fürchterlich klein wurde bei dieser Vorstellung der Herr Fähndrich! — Er mußte noch so mancherlei lernen, ehe er zu der

Schwin-

Schwindelhöhe hinaufsteigen konnte, die ihm das Non plus ultra aller Seligkeit schien. die lange hagre Mathematik mit ihren langen vielen Armen, das Chameleon, Taktik genannt, standen vor ihm da, heischend daß er mit ihnen sich tummle, und sie besiege. Dann mußte er das lange unermeßne Feld der Geschichte durchwandern, und wenn dieses durchwandert war, sah man erst Friederichs Thron auf einem Felsen stehen, zu dessen Füssen die tobende See sanfter ward, und der heulende Sturmwind ein sanftes Abendlüftchen.

Mich schreckte das alles nicht, und ich hätte zur Noth die Regierung des Erdenballs in diesem Augenblicke übernommen. — Sie besiegen, ha! das war meinem raschen Feuergeiste nur — Knabenspielerei!

Unglücklicher Jüngling! der nie in seinem Leben solche Augenblicke hatte, und Glücklicher du, der sie weißlich zu benutzen verstand! In solchen Augenblicken sproßt der Keim künftiger Größe zur kräftigen Pflanze empor; solche Augenblicke sind nothwendig, um uns das Rauhe der Laufbahn hienieden mit Blumen zu überstreun, das Mühevolle angenehm zu machen!

Die Gedankenfreundin Dämmerung schwebte nieder auf den See, und tausend Gedanken leiteten mich heimwärts. Unter allen war, Friederichen nahe zu kommen, seiner werth zu sein, der vorzüglichste, und trug schon in der fernen Ahnung mich zu Jubelhöhen der Freude empor, die noch die trunkenste Fantasie mir nicht vorgespiegelt hatte.

Und nie pflegte ich mir etwas vorzusetzen, an dessen Ausführung und Vollendung ich nicht eifrig, und unermüdet gearbeitet hätte. So auch jezt. Mein feuriger Kopf, mein ausdauernder Eifer ließen mich auch in Kurzem die gewünschtesten Früchte sehen. Eine entzückende Nahrung für meine Eitelkeit, und meinen Stolz, die übrigen Offiziere des Regiments in Hinsicht auf politische und kriegerische Kenntnisse, zu welchen ich auch Zeichnen und Fechten rechne, bei weitem zu übertreffen. — Welch eine Laufbahn öfnete sich meinem Blick — zunächst am Throne zu stehn! — des Thrones Stütze zu sein! — o, wie wirbelten diese beiden Gedanken den Fähndrich über alle Linien des Lebens hinaus!

Wie ich meine Kenntnisse wachsen fühlte, hob ich auch mein Haupt schon höher empor, und blickte

schon

schon geringschätzend, auf diesen und den, welchen ich etwa hier und da mir unterlegen glaubte. — Ich habe aber die Erfahrung in meinem Leben zu wiederholten Malen gemacht, daß je weniger ein Mensch ist, desto mehr er zu scheinen sich bemüht. Die Regierungen haben keinen Schaden davon, denn abgerechnet die Einkünfte für gekaufte Adels-diplome, Hofraths- Kriegsraths- Cammerraths-Tittel, giebt auch die Erhöhung des Kopfgeldes eine ganz ansehnliche Ausbeute. — Freilich macht man nun mehr Aufwand, indeß, da es für ruinirte Familien — Hospitäler giebt — was hat 's zu bedeuten?

5.

Trenk der Lieutenant.

Der Fähndrich wurde Lieutenant! — Alexander, da er bis Indien seine Herrschaft erweitert hatte, nein! er konnte ohnmöglich sich so groß fühlen, als Trenk, da der Major auf der Parade zum erstenmale „Herr Lieutenant Trenk!“ sprach. Zwar vom Lieutenant zum König immer noch — welch ein unermeßlicher Abstand! aber immer doch eine Stufe näher, als vorher! Und — hatte mich doch Friederich schon bemerkt, das war meinem Ehrgeize bis jezt genug!

Eben stand ich in den Blüthentagen des Lebens, wo die schwellende Jugendkraft feuriger in mir zu wüthen begann. In jener Periode ist es fast ohnmöglich, — denn man hält das Leben für lauter Frühling — sich alleinig von dem Gespenst der Ruhmsucht zerren und zwicken zu lassen. Der Blick schaut heiter und unbefangen durch die lachenden Gefilde, und selbst in des Kriegers rauherer Brust erwacht da ein Etwas, das sich mit Worten nicht wohl beschreiben läßt. Man fühlt eine Leere in der übervollen Brust, die Accente der Nachtigall erreichen nicht blos das Ohr, sie sagen dem Herzen etwas, daß es weich geworden, Thränen ins Auge pumpen möchte. Wenn alles sich Nester baut, und paart, da ist es schier unmöglich, nicht auch ans Nesterbauen, und Paaren zu denken, und da die Befriedigung dieses Wunsches aus sehr natürlichen handgreiflichen Gründen äusserst behaglich ist; so folgt unwidersprechlich, daß das Gegentheil ganz unbehaglich sei. Jene Unbehaglichkeit mit der nahen Aussicht ans Behaglichere macht

jeden

jeden Mann, den mehr, den weniger, zum Schwärmer. Des Auges Feuer wird sanfter, das Hochroth der Wange färbt sich blässer, — und der, der ist der eigentliche Augenblick, wo das Weib sich gern und schmachtend und innig an des Mannes Brust schmiegt.

Man träumt in solcher Periode so viel und mancherlei. Des Busens feurig rastloses Streben nach Größ' und Ehre wird sanfter, und würf nicht jeder gern das alles — ein folterndes Gefühl! — in den Busen der Liebe? So groß und stark vorher der Trieb nach Ausbreitung und Erweiterung war, jezt schmilzt er zusammen, und man wünscht, zurückgezogen unter ein ruhiges Strohdach mit Weib und Kind im Geleise der Gewohnheit hinzurutschen.

Daß ich in diesen Augenblicken ein gutes sanftes Weib gefunden, die die Kunst verstanden hätte, mich in dem engen Kreise der Häußlichkeit zu fesseln! Beim himmlischen Kusse des Weibes schmilzt das gigantische Riesenbild der Ehre zum erbärmlichen Pygmäen zusammen! Zwar würde die Welt nicht so oft mich nennen, aber ich wäre glücklich gewesen! Zwar würden keine Zeitungen meinen Tod ausposaunt haben, aber die dankbaren

ren Thränen meiner gutgearteten Kinder hätten meinen Hügel benetzt! — —

Ist eine Thräne das in meinem Auge? — Ja, ja sie ists! — O, fließe, fließe nur herunter über die Furchen meiner Wangen; ich schäme mich deiner nicht — du bist mir ja ein Bürge, daß mein Herz gut war! — Gutes Herz! Gutes Herz! — Bist des Schöpfers schönste Mitgift — daß dich jeder zu brauchen verständ! — Dank dir, Du oben! für diese Thräne! — — — — — —

Den Gefühlen des Herzens ist aber durch die bürgerliche Gesellschaft, und in derselben Zaum und Gebiß angelegt. Wollte jeder Jüngling seines Herzens Eingebungen folgen, und sich, wenn er's braucht, ein Gespann zulegen, wie bald würde nicht eine Legion in die Alpen wandern müssen, Murmelthiere zu suchen, und sie im Lande herumzuführen, oder jämmerliche Mordgeschichten nach einem Mischmasch von Farbenkleckserei abzusingen! —

Daß dieses ausser der bürgerlichen Gesellschaft recht herzlich schlecht sein würde, in derselben hingegen äusserst heilsam ist, ist längst ausgemacht. Freilich wünscht man dich, arme bürgerliche Gesellschaft! zum Henker, der in einem Walde bei

Wurzel=

Wurzelkost und dem süßen heiligen Mondbilde sich so behäglich zu befinden gedenkt! Mancher flucht daß er einen Kopf habe, und nicht das Herz allein!

Vergieb ihnen, Vater! sie wissen nicht was sie thun, denn wenn sie überzeugt würden, daß sie ja wirklich keinen Kopf haben, glaube mir, sie würden fortan nimmer darüber fluchen.

Eine nicht kurze Zeit blieb ich in dieser Stimmung, und mein Blick wanderte forschend unter den Töchtern des Landes umher, aber da war keine, die mich hätte fesseln können. Daß mir keine gefallen hätte, würd' ich lügen!

Genug, des Herzens Wünsche wurden mir nicht gewährt. Der Kopf riß mich wieder mit sich fort auf den bunten Jahrmarkt der Ehre und Größe. Hier schienen meine Wünsche besser erfüllt zu werden, denn — Friederich schien mich mehr zu bemerken. Nicht zu bemerken blos, sondern — auszuzeichnen!

Nun war mit Einem der große Pfad, der zum Ziele führt, betreten. Es war mir nun zu klein, den Gefühlen des Herzens noch ein Ohr zu leihen, und ich kalkulirte Tag und Nacht, wie ich auf eine seine unvermerkte Art, dem Könige mich unentbehrlich machen könne.

Ein kühnes Wagestück! Ein neuer Beweiß, daß die schlimmste Möbel des Menschen, sein Herz sei. In einem Kreislaufe von Wünschen rastlos umhergetrieben, hat es nie sichern Standpunkt, nie ein Endziel! Wär' ich der nächste jezt am Throne geworden, dann hätt' ich zuversichtlich mit dem Schicksal gegrollt, daß es mir den Thron nicht eingeräumt habe.

Stolz prädominirte nun wieder. Aber des Herzens Sturm zu schweigen, war auch keine Kleinigkeit, und manche wachend verträumte Nacht, manche versudelte Zeichnung, kündigten mir es laut, daß dieser Gläubiger ungestüm genug die Zahlung des Kapitals, oder wenigstens der Zinsen, zu fordern verstehe.

Die Zinsen hätt' ich nun wohl abtragen können, aber das schien mir etwas bedenklich und gefährlich zu sein. Wegen dem Kapital aber —— war auch noch verschiednes ins Reine zu bringen, und Dame Vernunft hatte mir schon ins lauschende Ohr geraunt: „Trenk! keinen dummen Streich! Man macht ihn in seinem Leben nur einmal!“ So wenig mir dies im Ganzen einleuchten wollte, so

mußte

mußte ich es noch in einzelnen Theilen zugestehen, was mich abzuhalten, schon hinreichend war.

Aber die Liebe dem Stolze unterzuordnen, sich ihrer als Stufe zu bedienen, auf der man höher und immer höher hinauf klimme, — das war ein Gedanke, der mich entzückte! Ihn auszuführen, schien mir weder unmöglich, noch gefährlich! — Aber Wie, Wo, und Wann? Da blieb freilich noch so manches zu überlegen übrig.

Es wird jezt nothwendig, da man mich von Seiten der Seele kennt, auch einen Blick auf mein Seelengehäuse zu werfen.

Ich hatte die mittlere, gesetzte Größe des Mannes, war weder zu stark noch zu schmächtig. Nervig war mein Bau, und jeder Tritt schien in die Erde wurzeln zu sollen. Was man eigentlich schön nennt, war ich nicht, aber ich hatte ein ächt männliches Ansehn. Ein feuriges flammendes Auge, und eine Stirn gewölbt zum Throne des Stolzes. Eine gefügige Geschmeidigkeit, die doch der Würde des Mannes nichts vergab, war mein Betragen.

Nun genug einmal von mir. Wenden wir den Blick anders wo hin!

In dieser Periode blühte an Friederichs Hofe eine Rose auf, die dieser innigst liebte, deren Wartung er sich eifrigst angelegen sein ließ. Ein Mädchen sanft ädel, groß und erhaben. Warum soll ich sie nicht öffentlich nennen, da, was sie that, sie keineswegs schändet, im Gegentheil ihrem Herzen und ihrem Verstande Ehre macht. Zumal aber, da ich versprochen habe, die Welt ob mancher Lüge und Ungerechtigkeit um Verzeihung zu bitten! Wahrheit will ich sagen, und niemand wird bei meiner Wahrheit im Schatten stehn, als — leider! — ich selbst!

Das Mädchen von welchem ich rede, war die Schwester des unsterblichen Königs selbst!

Sie blühte auf — ich sah sie! Mein Blick begegnete dem ihrigen, schüchtern senkten sich beide zur Erde!

Was war es, das da in mir fluthete? Die Welt war mir nicht mehr die alte, ich war nicht mehr der alte Trenk! Ein neues Dasein begann für mich. Eine Ewigkeit unabsehlicher Freuden dehnte sich vor meinem Blicke! — — Aber ich bebte wie ein Missethäter! die Wange brannte mir fieberhaft, die Pulse stockten, und ein kalter Schau-

der.

der, wie wenn einen die Hand des Todes berührt, durchfuhr mein schlotterndes Gebein.

Ein Gedanke durchblizte mich, o wie entzükkend! aber er führte mich auch an einen Abgrund, wo alle Schrecken des schmähligsten Todes haußten, dessen Ufer — mehr als der schmähligste Tod! — die Schande umgab! — Wäre meine Gedanke unschuldig gewesen — wofür hätt' ich zu zittern gebraucht? — Aber!!! — ?

Mit Friederichen verwandt zu sein! — Erhoben über das Puppenwerk gemeiner Liebe! — Wohnen in einem so schönen Herzen — dem Herzen einer Fürstin! —

Ja, mein Stolz war wieder da, gattete mit meiner Liebe sich! — Rechne man dazu, daß Verbot nur lockender, reizender macht — Gefahr der Liebe grössere Süßigkeiten leiht — das Geheimnißvolle wie mit leiser Magie anzieht — und denke man sich nun, wie mir war, und sein mußte. —

Freilich waren diese Gedanken damals nicht so entwickelt und geordnet, wie sie hier auf dem Papiere stehn, sondern lagen als Gefühle wie ein Chaos in meinem Kopfe. Als wäre mir das Riesengebirge aufs Herz gefallen, so beklommen war mir die Brust. Dies sah die erhabne Fürstin, und

auch

auch sie schien ein Strahl meines Gefühls zu durchblitzen. Mit einem Blicke des Mitleids blickte sie mich an, diesen Blick des Mitleids aber — wie deutete den mein tobendes Herz? — — —

Friederichs Adleraugen konnte nichts entgehen, und er gewahrte auch jezt die bei mir nicht geringe Unruhe. Ob er aber den Grund derselben entdeckt habe, daran zweifl' ich fast, denn er schien wirklich ganz mit meinem Behelf von einer schnellen Anwandlung von Fieberhitze zufrieden zu sein, und erwiederte mir nur lächelnd: „Ein Held muß ja nicht am Fieber sterben!"

„Wenn das Fieber erlaubt; so wart' ich freilich lieber, bis an Ew. Majestät Seite eine Kugel etwas an mich zu bestellen hat!"

Der König klopfte mir lächelnd auf die Achsel. — Das war mir viel! — Aber der Prinzeßin Worte: „Voilá, mon frere, ce jeune heros!" — o, die waren mir Alles! und ich murmelte unter freudigen Schauern „ce jeune heros! beim Weggehen wohl hundertmal bei mir. Alexander und Cäsar waren jezt Zwerge — ich, ich ein Riese!

O ich hätte zu den Füssen der Erhabnen hinstürzen mögen, und es wandelte ein Knie beugen mich

ganz

ganz unwillkührlich an. „Ja!“ braußte das stürmende Herz in mir auf, aber die alte Vernunft befahl diesmal noch ganz souverain der blinden Leidenschaft die Segel, in die der Wind der Thorheit bließ, zu streichen.

Das Braussen verlor sich, aber ein sanftes himmelan hebendes Gefühl, wie man zu haben pflegt, wenn dem Kerker des Winters entflohn, des Frühlings wärmerer Athen, und die neubeblümte Erde, und die Hymnen der Vögel des Busens Gefühle lösen. — Ihr nicht die Hand küssen — das war Unmöglichkeit, dazu war ich von der Dankbarkeit, ob der hohen Meinung, die sie von mir hegte, beinah aufgefordert. — Und ich that's! Freilich mit all der Ehrfurcht, welche sie einflößte, und die ich ihr schuldig war, aber demohngeachtet — welch ein Gefühl durchströmte mich, als meine Lippen ihre Hand berührten! —

Wenn ich oft recht unter dem Drucke des Unglücks stand, wenn ich das verworfenste Kind der Erde schien, kein Sonnenstrahl in meinen schwarzen Kerker brach, und das Fesselgeklirr mich aus dem Traume weckte — o, so zauberte ich mit Hülfe der gütigen Fantasie diesen Augenblick der Vergangenheit mir in die Gegenwart, und da saß

ein

ein König auf dem Throne der Regionen des Glücks, da war der finstre Kerker mir Elisium, und das Fesselgeklirr der Sphärengesang! — — — —

Lache nicht, o Mensch! in diesem Moment über Trenken. In diesem Lachen liegt Spott über die Menschheit, Spott über den Schöpfer. — Liebe! — ist ein heiliges Wort!

Aber auch sie besiegen, wenn es Pflicht und Vernunft gebeut, ist des Menschen Pflicht. Wer zu sterben weiß, wenn das Aeusserste gilt, der wird durch nichts besiegt! — Auch durch die Liebe nicht! —

Jezt, Friederich! jezt mir ein Schwerd in die Hand, und stelle mich an die Spitze deiner Potsdamer. Jezt jage mich hinein in der Feinde dichteste Schaaren, und wenn ich nicht würge wie ein Löwe, wenn ich jezt nicht gehe, sehe und schlage; so mache mich zu deinem Packknechte!

Doch — die Zeiten sind vorbei, und Friederich lächelt vielleicht jezt über sich und mich, lachte wohl gar, wenn er wüßte daß — die Menschenrechte den Graukopf in den Käficht gebracht haben.

Aber „Liebe besiegen, wenn es Pflicht und Vernunft gebeut!“ darin liegt mein Unglück. —

Ehre

Ehre war mein Gebot, und was mit dieser nicht übereinkam, das konnte mir auch nicht Pflicht sein. Meine Moral war ein Kind des Zufalls. Ihre Grenzen einzuschränken, und auszubreiten, je nachdem es die Umstände erfordern, ist Eigenthümlichkeit der monarchischen Regierungsform. Was die Vernunft mir aber sagte, hielt ich für Eingebung schimpflicher Furcht! —

Doch, ich will der Zeit in der Erzählung nicht vorgreifen.

Ich verließ jezt den großen König, und seine verehrungswürdige Schwester. Dreidoppelt stolz gieng ich durch die Straßen, und Häuser, Hütten und Palläste wähnt' ich, mußten mir es ja wohl ansehen, daß die Fürstin mich „heros!" benannt, mir — — einen mitleidigen Blick zugeworfen hatte! — —

Ich kam nach Hause, und mein Blick war Majestät. Ich begonn den ganzen Vorfall zu zergliedern, und — hier mein Resultat!

„Daß der König dich schäzt? — Muß er doch das Verdienst schätzen! Kann er doch nicht allein den Feind schlagen! — Daß er das Verdienst belohnt! — Ist seine Schuldigkeit! — Daß dich seine Schwester liebt? (Nichts schien

mir

mir gewisser, und ich warf mich hier in die Brust.) — Was wäre das für ein Verbrechen! — Ist doch der König auch nur Mensch — hätte mich das Schicksal doch eben so gut, denn ihn, auf den Thron werfen können!“

Dies war der erste Theil der Meditation.

„Daß sie dich liebt! — Sie mit der Huld und Majestät — mit dem Körper voll Reize, der Seele voll Adel! — daß sie dich liebt — — Friederichs Schwester! — — sie, die Ansprüche auf den ersten Thron der Erde hat, einen Lieutenant liebt! — — Vortrefliche Seele, die nicht den Rang am Manne, den Mann im Range liebt — deren Herz nicht aus Eise zusammengeknetet ist — — die Mensch auch auf dem Throne bleibt — —, o wie glücklich, o wie selig ich bin!“ —

Ich will verschweigen was ich noch dachte, und schwindelte, denn daß auch ich, wie jeder andre verliebte Geck, alle Konvenienzen überspringen, zehntausend Leben aufopfern wollte, und mich doch ärgerte, wenn ich daran dachte, daß ob meiner That Friederich mir dieses einzige nehmen könne, versteht sich von selbst.

Friederichen jezt den Vorrang über mich zu lassen, zugeben, daß ich nicht in gleichem Werthe

mit

mit ihm stehe — nein, das wäre jezt Unmöglichkeit gewesen. Jezt stand der Neufranken System von Freiheit und Gleichheit so buchstäblich in meinem Kopfe geschrieben, als wohl immer bei Robespierre und Dandot. Robespierre sag' ich, denn so wenig es diesem Ernst gewesen sein mag, eben so wenig konnte es mir damals welcher sein, da wie gesagt, Stolz eine Haupttriebfeder meiner dermaligen Handlung war.

Aber jezt stellt ich an die Spitze meiner Moral folgendes Princip: „Suche dich durch alle Mittel, deren du habhaft werden kannst, zu erheben!“

Nun man aber meinen wahren Charakter kennt, darf sich niemand darüber wundern, und wird jeder gewissermaßen mich bedauern, daß ich bei solchen Umständen nicht anders — handeln konnte.

Ehre! — Liebe! — Republikaner Starrsinn!

Daß sich bei dieser Lage der Sachen aber mein Betragen durchaus geändert habe, wer vermuthete das nicht? Gegen den König glaubt' ich — o ich großer Thor! — einen näheren Zutritt haben zu müssen — gegen meine Mit-Offiziere berechtigt zu sein, größere Größe — daß ich so sagen mag — zu äussern — mit einem Worte, ich wurde ganz verteufelt keck.

Wie hätte das Friederich nicht bemerken sollen? Nur den Grund davon wußte er noch nicht, und konnte ihn nicht wissen. Ich muthmaße aber, daß er geglaubt haben möge, seine Gnade und Herablassung gegen mich, haben die eigenthümliche Lage meines Gehirns um einige Grade verrückt, denn er behandelte mich von diesem Nu an kalt, frostig und über allen Glauben gleichgiltig. Nicht ich allein fühlte das, sondern es fiel auch den übrigen Offizieren auf, und das war's, was mich eigentlich ärgerte. — Aber mir das merken zu lassen, dazu war ich — nicht etwa zu klug, denn ob dieser Geist über mir gewaltet habe, zweifl' ich fast sehr — sondern zu starrköpfig. Ich schien es nicht zu bemerken, und gab mir nicht eine kleine Würde, gleichsam als sollt' auch Friederich fühlen, — wer ich sei!

O sancta simplicitas! Der Strohhalm wollte sich gegen den Strom stemmen, Oel sollte Feuer löschen, die Taube sollte den Geier schrecken! — Wenn ich etwas gedacht habe; so war es gewiß etwas recht herzlich albernes.

Als ich allein war, zergliederte ich' mir den Vorfall erst. Weit gefehlt aber, daß ich hätte klüger werden sollen, brachte des guten Königs vermeintes Heilmittel vielmehr eine ganz entgegengesetzte Wirkung in mir hervor, und ich war thöricht genug, mir einfallen zu lassen: „Rache zu nehmen!" Doch -- es paßte ja zu meiner Moral, an deren Spitze ein Vorurtheil von Ehre stand. Tugend war mir Musik fürs Auge, Mahlerei fürs Ohr.

Wie in jedem Falle, so auch diesmal in dem einzelnen, scheiterte meine Klugheit an dem „Wie!" Hab' ich aber in meinem ganzen Leben etwas Unthörichtes begangen; so ist's ohnstreitig die Beantwortung dieses Wie. Zeigen wollt' ich Friederichen, daß Hochmuth Trenken zu klein und niedrig sei, und ihn auf keinen Fall zu einem Schritte verleiten könne, daß aber meiner Handlung Triebfeder — Stolz gewesen sei. Gedacht, gethan: denn so hielt' ich es stets. Hatt' ich also vorher eifriger an meiner Vervollkommerung gearbeitet; so that ich es jezt eifrigst, und zwar so, daß Friederichs Augen die Wirkung davon nicht entgehen konnte. Mein Betragen änderte sich nicht, meine Kenntnisse vermehrten sich täglich.

Friederich sah, hörte und fühlte das, aber — schien es ganz und gar nicht zu sehen, und blieb — wenigstens höchst lakonisch gegen mich. Mithin blieben wir jezt schon halbe Antipoden. —

Dämmert hier nicht schon ein Strahl auf den dunkeln Gang meines nachmaligen Schicksals? Leuchtet nicht jeden mehr ein, daß Friederich wohl vollwichtige Ursache gehabt haben werde, mir, der troz dem arabischen Gaule die eignen Adern sich aufgebissen haben würde, Zaum und Gebiß anzulegen? — Freilich wohl bin ich jezt in Frankreich, und könnte da weidlich auf Friederichen schimpfen, aber was würde das mir frommen? — Lieber will ich Jünglinge, begabt mit dem gefährlichen Lichtfunken Genie, warnen, daß sie behutsamer spielen lernen. — Wisset daher — es ist nothwendig, daß wo Monarchie ist, strenge Subordination herrsche, und daß das einzelne Glied, damit das Ganze erhalten werde, leide, und daß es sich dem Einzigen füge. Es ist nothwendig, daß der Monarch Vorrechte geniesse, die ihm schlechterdings nicht gekränkt werden dürfen. Billig also, daß Verbrechen wider die Majestät streng geahndet werden. Dahin gehört nun auch, daß die weiblichen Glieder einer fürstlichen Familie unvermischt

mischt mit den Unterthanen des Landes schlechterdings bleiben müssen, denn abgerechnet, die Beschimpfung bei einer heimlichen Conversation, würde auch eine legitime Verbindung die nachtheiligsten Folgen haben, da bekanntermaßen der Geringre stets eines Höhern, der Sekretair des Ministers, der Minister des Fürsten, und dieser, Gottes Rechte sich anmaßt. Es würden nun die Herren Vettern und Frauen Muhmen gewisser Vorrechte sich anmaßen wollen, und wo bliebe nun das Ansehen des Monarchen? Uibrigens sind die Fürsten selbst zu wenig unpartheiisch, daß sie nicht ihre Familien dem Verdienste vorziehen sollten, wie tausend Beispiele von Fürstensöhnen mit Maitressen erzeugt, dieses beweisen.

Auf nichts geringeres aber als dieses gieng ich aus, und glaubte dazu — wie thöricht oft der Mensch ist, und so ganz seine Vernunft verläugnet! — durch einen Blick des Mitleids mich berechtigt. Zugegeben einmal — was doch nicht war — daß es ein Blick der Liebe gewesen, der um Gegenliebe gefleht hätte; so war es ja meine Pflicht, als Mannes und des Stärkeren, nicht der reizenden Versuchung eines Augenblicks, sondern dem Gebote der nie abändernden Vernunft Gehör zu zu geben, der Gefahr wenigstens auszuweichen, wenn ich, sie zu besiegen, mich nicht wagen konnte.

Nutzen will ich, Jünglingen nicht blos damit, daß sie in meinen Vergehungen sehen, was ich nicht that, nutzen, sondern zugleich mit kleinen Fingerzeigen auf den richtigen Weg hin, weshalb man mir solche kleine Ausschweifungen, deren hier wieder zwei sind, gewiß leicht und gern verzeihen wird. Ich will und werde dadurch nie vom wahren Wege mich entfernen. — —

Daß ich, bei all meinem Bestreben nach immer mehrerer Vervollkommnerung, nie eine Gelegenheit vorbei lies, die Abgöttin meines Herzens — wenigstens zu sehn, und wo möglich einen Blick von ihr aufzuhaschen, daß nicht der höhere Rang, nicht die größere Vollkommenheit der Erkohrenen meines Herzens mich abhielten, einige jener Albernheiten verliebter Don Quixote, die vor einiger Zeit so in Aufnahme waren, zu begehen, sind lauter Sachen, die sich auch unerinnert von jedem errathen lassen. Eins aber, was mich zwar um Grade in der Moral der Tugend, in der Ehre keineswegs, herabsezt, läßt sich nicht so leicht errathen, daß zum Lispel der Liebe, zum

Rufe

Rufe der Ehre sich in meinem Herzen das Auflodern der Rache gesellte, daß ich gewissermaßen auch der Rache meine Liebe unterordnete. — —

Hier muß ich eine Pause machen, denn eine innere Stimme ruft mir zu — — daß ich — — ein Schurke war! — — — —

6.

Wenns bei allen Komplimenten so geht, da mag der Teufel welche machen.

Zu meiner Ehre indeß sei es gesagt — wenn anders so etwas einem Manne Ehre machen kann! — daß ich dermalen ein Ball in den Händen widerstrebender Leidenschaften war. Keine Ruhe kam in mein Herz, weniger besuchte mich der Schlaf, grause Träume weckten mich oft aus kurzem Schlummer wach. Meines Auges Flamme minderte sich, und der Wange Carmin färbte blässer — — ganz, ganz die Attitude der Leidenden, keine Erhörung fürchtender Liebe, war mein Bild.

Was ich glaube, darf ich dem Leser nicht vorenthalten.

So wenig Friederichen meine Veränderung entgangen war, eben so wenig war sie es seiner unvergleichbaren Schwester. Sie sahe, meiner Augen erlöschendes Feuer, sahe meinen Blick starrend auf sie, verschlingend den ihrigen, sahe zu Augenblicken mich näher tretend, und zitternd dann wieder entfernen. Sie deutete das alles richtiger, als Friederich. Sie verstand meiner Blicke Sprache — aber erwiederte sie nicht. Sie kannte den Grund meiner nicht versiegenden Unruhe, und — schien mich zu bemitleiden. Gleichgiltig war ich ihr also nicht, das sieht jeder, aber ich glaube, daß ich ihr in der That noch etwas mehr, als nicht gleichgiltig war. Indeß hab' ich, ausser einiger Unruhe, die ich auch an ihr zu bemerken glaubte, keine weitere Gewißheit hierüber, bis jezt, als meinen Glauben.

Einige Weile blieb die Lage der Sachen so, wie ich sie eben beschrieben habe, wobei meines feurigen Geistes ewige Ungeduld sich aber nicht begnügen wollte. „Wer immer säumt, kömmt nimmer zum Ziele!" rief er mir zu, und da es nie meine Sache war ein Projekt lange ungenützt liegen zu lassen; so schlug ich auch jezt Tag und Nacht mich mit den Gedanken herum, wie ich auf dem kürzesten Wege zu diesem beglückenden Ziele der Liebe und Ehre, gelangte.

Der Zufall, der für die besten Sachen oft schlecht, für die schlechtesten herrlich entscheidet, entschied auch hier.

Die denkende Fürstin liebte die Eimsamkeit, und pflegte nicht selten alles Gefolge von sich zu entfernen, um ihren Gedanken, oder wohl auch den Gefühlen ihres Herzens, Gehör zu geben, und dann beide zu regeln.

So traf ich sie sinnig wandelnd an den Ufern der Panke. Jezt, dacht' ich, oder nie. Wie mir aber wurde, als ich den Fuß vorwärts setzte, mich ihr zu nähern, das mag ich nicht beschreiben. Aber genug, ohne zu bedenken, daß, wo nicht der König selbst, doch ihr Gefolge in der Nähe sein könne, ohne zu überrechnen, welchen unangenehmen Auftritten ich sie, welcher Gefahr ich mich selbst aussetzte, eilte ich auf sie los. Bei ihr ankommen, vor ihr niederstürzen, mit Hast ihre Hand zu meinen Lippen führen, dies alles war das Werk eines Augenblicks. —

Jezt wand' ich den Blick in die Höhe. Erhaben, und noch nicht mir zürnend, die Erhabenheit aber doch zur Hälfte in Sanftheit verschmolzen, so ruhte ihr Blick auf mir. Daß sie nicht zürnte, gab mir neuen Muth, goß mir sogar Hofnung ins Herz. Aber reden konnt' ich nicht — nur stammelte ich noch.

„Fürstin!“ rief ich in jenem abgebrochenem Tone, wo in Furcht die Erwartung schmilzt, und mein Blick wurde inniger, meine Attitude dringender. Ich schwieg auf einige Augenblicke, und hastiger dann ihre Hand an mein stürmendes Herz führend, fuhr ich fort: „Verzeihung diesem Herzen, das mich zu ihren Füssen wirft! — O“ da entriß sie ihre Hand der meinigen, trat zwei Schritte zurück, und eine Pause war von zwo Minuten. „Trenk! sprach sie, diesmal sei Ihnen verziehen, aber (groß mich ansehend) unbesonnener Knabe! was unterstehst du dich? — — (Sanfter nun) Eilen Sie, Lieutenant! ehe Sie mein Bruder bemerkt! —“

Sie wande sich nach Pankow zu, und so eben trat ihr Bruder hinter einem Gebüsch hervor, „Sie haben Recht, Prinzeßin! die Gegend ist für den

Dichter

Dichter gemacht, und für ein sanftes Herz wie das Ihrige!"

Ohne, wie es schien, mich zu bemerken, bot er ihr seinen Arm, und sie giengen auf Pankow zu. — Da stand ich, unmittelbar wie aus den Wolken gefallen, und wär' es nur nicht gar zu unedelmännisch gewesen, jezt glaub' ich, hätt' ich mich ersäuft. Daß man mir so hätte begegnen können, das hätt' ich mir im hitzigen Fieber nicht träumen lassen! — Und doch war es wahr, und doch! —

Ich schlug mich vor die Stirn, ich stampfte mit dem Fuße, und Gott weiß, was ich noch mehr gemacht habe. Langsam kehrte meine Besinnung. Aber als diese endlich da war, und mir den Trost gab, daß ja niemand Zeuge des Auftritts gewesen sei, und der König selbst mich nicht bemerkt habe, gieng ich etwas getrösteter nach Hause. — —

Da saß ich denn, traurig wie der Knabe, dem seine schönen bunten Kartenhäuschen ein tückischer Stoß an den lahmen Tisch, vielleicht von seinem eignen allzuraschem Fuße verursacht, umgeworfen hat. Ich war beleidigt, das fühlt' ich im Innersten meiner Seele, aber ich konnte auch nicht

zürnen,

zürnen, kam doch die Beleidigung von — Ihr! Kein sicherer Bürge meiner Liebe, als dies. Aber was ich anfangen, wohin ich mich — heute mir selbst die unerträglichste Last! — thun solle, das wußt' ich nicht. Ein Glück für mich, daß meine Natur selbst einen Ausweg suchte — jenen gewöhnlichen, wo sie den Schmerz in lindernden Tropfen aus dem Auge fliessen macht. Aber diesmal waren meine Thränen bitter, sehr bitter, denn es waren Thränen des heftigsten Unmuths.

Als der Sturm etwas sich gelegt hatte, und das lecke Herz so eben in dem ruhigen Hafen „Vernunft!“ einzulaufen meinete, ergrif es noch einmal der Wirbelwind und warf es in die brandende See. Verschiedner Muthmaßungen Tummelplatz war es nun.

Die ganze Scene des amoureusen Schleichhandels schwebte mir erneuert vor dem magischen Auge des Gedächtnisses. Hart, hart tönten die Worte „unbesonnener Knabe, du!“ mir vor den gellenden Ohren. Aber — so bestrebt sich das tolle Herz immer Chimären zu bilden, und sich selbst zu täuschen, ehe es einen Wunsch, den es einmal hegt, fahren läßt — aber, so fuhr ich fort — sie zürnte doch nicht beim Beginn deiner Erklärung,

sie

sie blickte sanft, mit ihrer angebornen Milde auf dich herab! — Würde sie das gethan haben, wenn nicht in ihrem eignen Busen ein geheimer Sprecher für dich wäre, wenn nicht ihr Herz dem Kopfe das „hear him!“ zuriefe? Würde sie das? — Und am Ende, — wurde nicht ihr Ton sanfter? Zwar sprach sie weder, Trenk, noch lieber Trenk, noch mein Lieber, sondern ein kaltes frostiges „Lieutenant!“ — aber wer weiß, warum sie es that! — Konnte sie nicht fürchten, belauscht zu werden? — Himmel! und wurde sie nicht wirklich belauscht! — —

Ich fieng nachgerade an mir eine reichliche Portion Vorwürfe zu machen, über meine Voreiligkeit und Unbesonnenheit, prieß ihr Verfahren weise und klug, und verzieh ihr herzlich gern jene, wie ich meinte, nur Nothgedrungen geäusserte Infamie, und — nahm mir ernstlich vor, künftig — man denke! — einen gelegnern Zeitpunkt abzupassen, wo ich sicher für Uiberfälle und Lauschern, ihr meinen Herzensschrein öfnen, und meine Pariser Waare verliebter Albernheiten, präsentiren könnte. — Eine geheime Freude erfüllte mich, und ich durchschlief ruhig die Nacht bis zum hohen Morgen.

So weit war nun alles ganz gut, und nur ein Punkt, welchen abzuändern nicht bei mir stand, welchen aber zu ahnen ich auch weit entfernt war, blieb noch zu berichtigen übrig.

Friederich nämlich, war nicht so unwissend in Hinsicht auf meine Vermessenheit, als ich, thörricht genug! geglaubt hatte. Gestützt aber auf die Klugheit und Größe seiner erhabnen Schwester hielt er die Sache für abgethan mit diesem einzigen mißlungenem Versuche. Aus Achtung aber zugleich für dieselbe, ergrif er die Parthie des klugen Ehemanns, der zwar fühlt daß sein Diadem aus einer Reihe Hahnenfedern besteht, aber um es nicht sehn zu wollen, die Peruque wie vor dem Spiegel aufsetzt.

Unbefangen gieng ich am andern Tage zur Parade. Ich war wie gewöhnlich, der König auch. Etwas mürrischer nur schien er mir. Ich weiß aber selbst nicht recht mehr welchen Fehler ich machte, genug er war äusserst geringfügig und unbedeutend schier, aber — — er gratifizirte mich zum — Arrestanten! — Fast alle schienen sich darüber zu verwundern, aber ich — freute mich gewissermaßen. „Welch andern Grund konnt' er

denn

denn wohl haben, als — Neid über meine Größe!" — Hahaha! ich armer Schlucker!

Acht Tage vergiengen indeß, ehe mir der Adjutant den Degen wieder brachte, und während der Zeit war der König nach Potsdam abgegangen. Ich, um mich ihm wieder vorzustellen, reute sogleich hinüber. Ich traf ihn bei der Parade, die Offiziere des Regiments um ihn versammelt, und machte ihm hier meine Aufwartung. Im gleichgiltigsten Tone, der vielleicht möglich ist, fragte er mich: „Wo kommt Er her?" „Von Berlin, Ew. Majestät!" „Da kann Er immer wieder dahin gehen, wo Er herkommt!" So sprach er, und wandte sich weg von mir.

Ich mußte mithin zurück nach Berlin, und war von neuem Arrestant. Meine Rache kochte, und ich hätte gewiß, wär's möglich gewesen, jezt Friederichs Thron in Splittern zerschlagen, denn die jezige Ungerechtigkeit schien mir — wenigstens eines Nero würdig.

Zwei Tage ohngefähr, mocht' ich von neuem Arrestant sein, als ich folgendes Billet erhielt:

„Baron!

Aus einer flüchtigen Aeusserung meines Bruders, Ihres Königs, schließ' ich, daß Sie in

Ihrer

Ihrer jezigen Gefangenschaft die Schuld Ihrer neulichen, fast unverzeihlichen Unbesonnenheit büßen. Ich bedaure Sie, kann und werde Ihnen aber nicht helfen. Lassen Sie den Vorfall sich Weisheit für die Zukunft lehren." rc. rc.

Weisheit hätt' ich lernen sollen daraus? Ich? — Ein andrer vielleicht, aber ich mit meinen Brausekopf nicht. Ich haßte den König, ich verachtete ihn, ich schwur ihm Rache. Seine Schwester liebt' ich und haßt' ich zugleich, und mich selbst, und die ganze Welt und den Schöpfer und alles haßt' ich, kurz — ich wußte nicht was ich wollte. Ich verringerte meine Schuld jetzo. Meine Liebeserklärung nannt' ich ein Kompliment, schwur Stein und Bein, daß wir keine Fürsten brauchten, und natürlich am allerwenigsten Friederichen, den Tirannen, den Despoten, den Nero, der sich freue über die Leiden seiner Mitbrüder — —

Hm! riecht das Ding nicht so ziemlich nach Nießwurz?

Liebe Brauseköpfe! — denn jeder Jüngling ist in der Epoche, die man mit Recht die Flegeloktave des Lebens nennt, ein solcher — macht ihr hübsch keine solchen Komplimente wie ich, da habt ihr nicht nöthig — die Welt reformiren zu wollen.

Ihr

Ihr seht wohl, daß beim Komplimentiren nicht sonderlich viel herauskommt!

Rächen also wollt' ich mich an Friederichen, das war fest beschlossen. Er wird mürrisch sein, wenn er dich sieht, dacht' ich bei mir selbst, da siehst du wieder mürrisch, er wird dich seine Ungnade wollen fühlen lassen, und du scheinst das gar nicht zu bemerken! Schon freut' ich mich im geheimen, wie der große Friederich staunen werde, über den großen Trenk, und der Ausgang der bisherigen Tragödie schien mir überaus komisch werden zu müssen.

„Ob mir der Prinzeßin Worte, kann und werde Ihnen nicht helfen! keine Unruhe verursachten?“

Auch die geringste nicht, denn daß sie mir schrieb, war ein Zeichen wenigstens ihrer Nichtgleichgiltigkeit, welche mein tolles Herz in seiner Sprache Liebe zu übersetzen beliebte. Hart aber mußte sie ja schreiben, denn wie leicht hätte nicht einem Fremden, oder gar dem Könige selbst das Billet in die Hände fallen können. Und dann sollt' ich ja in Zukunft klüger sein! Was konnte dieses aber anders heißen, als — komme künftig, lieber Trenk! wenn du für Uiberraschungen und Lauschern sicher bist, denn wir brauchen weder den

Himmel noch Najaden noch Oreaden zu Zeugen unsers Bundes. — —

Mein Gott! welch ein Wirrwarr, und doch alles wahr, buchstäblich wahr. Sollte man wohl glauben, daß in so einem konfusen Chaos, wie beim ersten Hinblicke das menschliche Herz scheint, Einheit sein könne? Und doch die schönste Einheit, wenn nur jeder tolldreiste Affe, der unsern Herrgott zu Hofmeistern gedenkt, sich die Mühe nehmen wollte, das Ding beim rechten Ende anzugreifen, wenn nur jeder Narr, statt Adams Apfelfraß zu verfluchen, oder den lieben Gott zum Compagnon, und den armen Teufel zum Helfershelfer seiner dummen Streiche zu machen, sich die Mühe nehmen wollte, das liebe zappelnde Herzchen hübsch unter der Ruthe des Präceptors Vernunft zu halten!

In der That ich komme mir selbst ziemlich klein bei dem Gemälde vor, und ich hätte wohl Ursache der Erbsünde den Text nach Noten zu lesen, wenn mir nicht jede Alfanzerei bei der Vorbereitung zu meiner großen Reise verhaßt wäre. —

Jünglinge, beherzigt was ich euch sage, bei Zeiten! — Ich weiß nicht, ich komme mir jezt so klug vor, daß ich mich wundere, wie ich nach so vielen dummen Streichen noch den dümmsten

habe

habe machen können, und hieher gehen. — Ich vermuthe fast, daß ich zu spät klug geworden bin. — Schützt denn auch Alter für Thorheit nicht? — Lacht nicht über mich, o lacht nicht!

Ich sehe jezt sehr leicht ein, daß das gut und vernünftig gesprochen war, aber damals konnt' ichs durchaus nicht begreifen, und eher klagt' ich die Ordnung der Welt, und die Einrichtung der Gottheit an, als daß ich hätte zugeben sollen — daß ich ein Thor sey.

Daß ich aber dieses gethan, daran zweifelt wohl niemand; allein ich gab doch für diesesmal meinen Gedanken keinen Athem, und als die wüthendste Rache gegen den Unhold Friederich in meinem Herzen aufloderte, stemmte ich mich blos martialisch auf meinen Degen, und biß grimmig die Zähne in einander.

Indem ich so stand, und von beiden Seiten die tiefste Stille herrschte, erscholl von aussen die rauhe Stimme einer Wache:

„Wer da?“

„Um des Himmels Willen, Baron! — rief die Prinzeßin — retten Sie sich, oder Sie sind verloren, das ist mein Bruder! — Hier, gehen Sie durch diese Seitenthür, die dritte Thür linker

 Hand

Hand führt Sie über einen Gang, an dessen Ende eine Treppe Sie in den Schloßplatz bringt. Dort schleichen Sie so unbemerkt als möglich hinweg!"

Es war mir in der That gar nicht wohl zu Muthe bei diesem dummen Streiche, den mir der Zufall spielte, und mein Herz schlug sechs Achtel Takt, auch kam es mir ganz unwillkührlich in die Beine, daß ich ziemlich schnell nach der Thür zugieng. Aber als ich schon nahe an der Thür war, fiel mir es ein, welch' eine jämmerliche Figur ich spielen müsse, wenn ich davon laufe, und wie lächerlich dieses sei, da ich kurz vorher noch so bramarbasirt hatte, und dieses denken, und umkehren, war Eins.

„Nein, ich werde bleiben, und den Ausgang meines Schicksals abwarten," sprach ich, und stellte mich keck in das Zimmer.

„Baron! Sie sind rasend — sprach die Prinzeßin! — Ich bin ihre Schwindeleyen nicht weiter anzuhören gesonnen. Aber hören Sie, noch spricht die Freundin mit Ihnen, wagen Sie nie dergleichen etwas wieder. — Trenk! ich rede aufrichtig mit Ihnen, machen Sie nicht, daß Sie die beleidigte Fürstin sehen müssen."

Ich. Beleidigen? Beim Allmächtigen! beleidigen hab' ich nicht gewollt. — Hab' ich es aber

gethan,

gethan, so sagen Sie womit ich den Frevel söhne: Keine Marter kann mich schrecken, denn Keine steht in Verhältniß mit meiner Schuld. — Wenn Sie aber dies sagen, um vielleicht einem traurigen Schicksal vorzubeugen, traurig in den verblendeten Augen der Menge, in den meinigen nicht; so wissen Sie, daß nichts mich zu erschüttern vermögend ist. Was fürchtet der, der den Tod nicht fürchtet? Und mehr doch nicht, als diese elende Hand voll Blut, wenn es aufs höchste kömmt, kann man mir nehmen. Mit welcher Freudigkeit aber geb' ich das hin, Göttliche! wenn es für Sie ist. — O, ein Wink von Ihnen, und ich fliege kühn, um von Tausenden Sie zu erstreiten.

Prinzeßin. Stolzer, hochfahrender Mensch! wissen Sie auch, daß ich mit einem Worte Sie demüthigen kann?

Ich. Welches Wort, aus welcher Sprache wäre stark genug, mich nieder zu drücken? Dann mich niederzudrücken, wann es meine Liebe gilt?

Prinzeßin. Und doch — Friederich!

Ich. (Betreten auf einen Augenblick, dann entschlossen) Und wenn Tausende bey diesem Namen zusammenschräcken — ich nicht — Fürstin! und wenn in diesem Augenblick Friederich käm,

 hier

hier auf diesen Knien wollt' ich liegen, und um Liebe betteln! Es ist heraus das Wort, das wie ein Gebürge mir auf den Herzen lag. Urtheilen Sie nun über mich. Leben und Tod für den tollkühnen Trenk — dessen ganzer Fehler war, Augen zu haben und Herz — liegt in Ihrer Hand. Das Leben können Sie mir nehmen lassen, aber hindern können Sie nicht, daß nicht im letzten Augenblicke noch mein Auge liebevoll Sie anblickt, daß ich nicht im letzten Augenblicke noch meine Hand nach der Hand nach der Geliebten sich ausstreckt, hindern können Sie nicht, daß ich nicht die ganze Summe dieser grenzenlosen verzehrenden Liebe mit meiner unsterblichen Seele in die Ewigkeit hinüber nehme. — O, Prinzeßin! ich werde jenseits noch stolz darauf sein, ein Märtyrer dieser Liebe geworden zu sein. — Entscheiden, o entscheiden Sie nun, Sie sehn ja wie gefaßt ich bin. Bei meiner Liebe, bei den göttlichen Gefühlen Ihres wahrhaft fürstlichen Herzens beschwör' ich Sie, thun Sie den Ausspruch über mich. Sein Sie barmherzig, und sprechen Sie lieber „Tod" als „Leben!" Wenn in diesem Leben ich die Hölle in meinem Busen herumtragen soll.

Die Prinzeßin wandte, ohne mir Antwort zu geben, sich von mir weg, und ich muthmaßte,

daß

daß sie in diesem Augenblicke nicht ganz gefühllos gegen mich geblieben ist, denn so viel Standhaftigkeit als ich zeigte, mochte sie vielleicht nicht bey mir erwartet haben. Es war eine Pause von einigen Minuten, dann drehte sie sich wieder nach mir um, und der Ausdruck ihres Gesichts war Mitleiden, und zwar jenes Mitleiden, das nahe an den Schmerz grenzt.

„Trenk! sprach sie in sanftem Tone — ich wünschte nicht, daß es so weit mit Ihnen gekommen wäre. Ich habe längst in ihrem Blick und in ihrer Miene gelesen, was Sie eben mir gesagt, und deshalb auch das Geringste vermieden, was Ihnen hätte Hofnung geben können, allein wie ich merke, sind Sie zu leidenschaftlich. — Hören Sie aber, was Ihnen jezt eine wahre Freundin sagt. Mein Herz intereßirt sich für Sie, und wollen Sie also der sein, für welchen Sie sich ausgeben, so suchen Sie nicht es zu kränken. Das werden Sie aber, wenn Sie mich nicht meiden."

Ein tiefer Seufzer von mir unterbrach hier eine Zeitlang ihre Rede, endlich fuhr sie fort:

„Besser Sie seufzen jezt und dulden als dann, wenn es zur Rettung zu spät ist. Hören Sie ruhig mich aus. Mein Bruder muthmaßt längst

 schon,

schön, was sich jezt nur allzusehr bewährt hat, und so gut und nachsichtig er sonst gegen jeden ist; so ist er nur zu fürchterlich, wenn seine Ehre beleidigt wird. — Sie, Baron! hält er für einen der gefährlichsten Menschen in seinem Staate, und so können Sie leichtlich glauben, daß Ihre Handlungen beobachtet werden. — Trenk! wie würd' es Ihnen ergehen, wenn mein Bruder von Ihrem Wagstück etwas erführe. Und ohne Sie vollends ganz elend zu machen, dürft ich warlich nicht einmal um Erleichterung Ihres Schicksals zu bitten wagen. Vermögen also die Zuredungen, die Bitten einer Freundin etwas bei Ihnen — Trenk! so wagen Sie nie, nie etwas wieder. — Denken Sie nicht weiter an mich. Ich halte Sie auch für zu vernünftig, als daß ich glauben sollte, Sie würden unter hundert andern Wegen die zu Ihrem Glücke führen, gerade den einzigen wählen, bei dem Sie Ihr Unglück voraus berechnen können?"

Wollen Sie sich unglücklich machen, und mich dazu?

„Sie — sprach ich — nein, das werd' ich nicht," und im Nu war ich zur Thür hinaus. Kaum aber mochte sie hinter mir zu sein, als ich

von

von der andern Seite Friederichen ins Zimmer treten hörte.

„Ganz allein?“ — war seine erste Frage.

„So liebe ich's.“

„Ich glaubte Gesellschaft bei Ihnen zu finden.“

„Die hab' ich nie.“

„Auch nicht von meinem Adjutanten?“

„Nie.“

„Ein Glück für Ihn!“ — —

Und nun herrschte eine tiefe Stille. Ach! diese Stille war mir zu sehr bekannt, sie war die Ruhe des Meeres vor dem Sturm, und ich war herzlich froh, daß ich mit so guter Art diesmal meine heile Haut davon trug, die Prinzeßin unterbrach endlich diese Stille.

„Was aber haben Sie immer mit Ihrem Adjutanten?“

„Plus dangereux pour moi, et mon honneur ne seroit pas même Catilina — sprach der König. — Si je vois, qu' il est impossible de le corriger par bonté, il faut que lui dit un arrêt éternel, qui soit Frédéric. — Ie le sais fort bien, que cet homme furieux a été à votre Palais, et je suis convaincu, qu' il est trop impudent, pour ne venir pas, de Vous declarer son amour. Un grand bonheur pour lui, qu' il m' a trompé mon esperance de le trouver ici. — Mais Vous me pardonnez, ma très chere soeur, je ne crains rien de Vous, mais tout de la Baron. Vous portez-vous bien? N' est ce pas?

Das Gespräch kam also von mir ab, und da ich es nicht für rathsam hielt, mein durch ledigen Zufall erlangtes bonheur vielleicht noch zu verscherzen: suchte ich so still als möglich, den mir angezeigten Weg, und fühlte mich, als ich mich wieder unter Gottes freien Himmel sah, einige Zentner leichter.

So etwas sonderbares ist es um die Gegenwart eines Fürsten. Früh gewöhnt, ihn als ein Wesen höherer Art zu betrachten, uns in Beziehung auf ihn also nie anders denn als Unterthanen zu denken, können wir diese eingewurzelte Vorstellung späterhin kaum durch die nachdrückliche andre der Natur und Vernunft unterdrücken. Wie oft sind nicht selbst erhitzte Gemüther aufrührischer Völker blos dadurch besänftigt worden, daß sich ihnen der Fürst in eigner Person zeigte!

Aber eine gefährliche Auktion gieng wieder in meinem Kopfe vor, sobald ich allein war, und Muße hatte, den ganzen Vorfall zu anatomiren. Convenienz im Streit mit Natur, so hieß das Thema, und die Theile waren folgende:

1.) Bewieß ich, daß es höchst ungerecht sei, daß man die Natur auf Kosten der Convenienz unterdrücke, da doch

a.) jene die Gottheit selbst, und

b.) diese nur einfältige Menschen hervorgebracht hatten.

2.) Macht' ich die Anwendung auf den gegenwärtigen Fall, und da entstanden billig folgende Fragen:

a.) Ist Liebe nicht das Hauptwerk in der Natur?

b.) Handelt also Friederich nicht doppelt ungerecht, wenn er Liebe stört?

c.) Darfst und mußt du dulden, daß er sie stört?

Bei dieser Frage wurde ganz natürlich wieder untersucht:

A.) Wer hat Friederichen zum Könige gemacht?

B.) Verdient er König zu sein?

Weil nun bei dieser letzten Frage alles auf historische Vergleichungen ankam; so erwartet wohl niemand, daß ich ihn mit jemand anderem verglichen haben werde, als mit mir selbst, wo denn

a.) Friderich nicht zum Könige tauchte,

b.) Ich die Quintessenz aller Könige ausmachen würde.

Ein Strom von Klagen und Vorwürfen über das tirannische Schicksal folgte nun, und sodann gieng es zur Nutzanwendung, welche wieder — weil doch einmal die ganze Predigt ohne die Beihülfe der Logik fabricirt war — in zwo Unterabtheilungen zerfiel:

1.) Zerreißet die Bande der Convenienz, und setzet die Natur in ihre Rechte.

2.) Wenn ihr aber dazu zu schwach seid, so ist es keine Bosheit, sondern nur gerechtes Vergeltungsrecht, wenn auch ihr die nämlichen Mittel geltend macht, deren sich die Fürsten mit so gutem Erfolg bedient haben, um auf ihre Höhe zu treten, und sich da zu erhalten, als da sind, Schmeichelei, Hinterlist, Verstellungskunst 2c. 2c.

Man sieht sehr leicht, daß ich wieder auf mein voriges Resultat zurück kam, und es jezt für noch

richti-

richtiger halten mußte, als das erste Mal, indem es sich nach einem neuen Nachdenken wieder ergab.

Von da giengs wieder zur Liebe über, wo erst eine reichliche Portion geschwindelt, dann wider ob dem Widerstande geraßt, und nun auch der Grundstein zu dem Gebäude meines nachmaligen Unglücks gelegt wurde.

Leser! jezt will ich dir einen Blick in mein Herz thun lassen — es wird mir schwer es zu thun, denn was nun kommt, verbürg' ich mir gern selbst, allein der Gedanke, daß ich vielleicht dadurch manchem nützlich werden könnte, bestimmt mich — und auf diesen einzigen Blick nun wirst du den ganzen Trenk kennen. — Verdamme mich aber deshalb nicht. Bedenke, ob nicht bei nämlicher Verkettung aller Umstände du eben so gedacht, eben so gehandelt haben würdest.

Jezt erst erinnert' ich mich Friederichs Rede wieder. Es that mir wohl, daß er mich für gefährlicher hielt, als selbst den Catilina. Es freute mich, daß er die Güte an mir versuchen wollte, aber das Blut in allen meinen Adern siedete, wenn ich an das ewige Gefängniß dachte — „Wer bist du denn? Friederich!“ rief ich aus, ha! bei allen Teufeln ich will dir erst zeigen, wer

Trenk ist! — Thor, der auf seinen Königstittel pocht — als wenn nicht auch Könige gestürzt worden wären! — — Es könnte leicht eintreffen, daß du mich einst als rasenden Menschen sähest, und daß ich unverschämt genug wäre, (bitter) dir meinen Haß ins Angesicht zu erklären. — Nun, und was wär' es denn geworden, wenn du mich trafst? — Du oder Ich, das wär's alles. — — Alter halt — an diesem Orte muß man dich also angreifen, wenn's dir am wehsten thun soll — Geduld! den werd' ich mir merken. — — Ja, ja du hast vollkommen Recht zu glauben, daß du von mir Alles zu fürchten habest. — Kommt, und steht mir bei, der Hölle höfische Verführungskünste, leiht mir jenen süssen Zauber, welcher die lüsternen Sinne lockend umgarnt, das Herz in den Bund zieht, die Vernunft einschläfert, daß in diesem trunkenem Taumel, die festeste Tugend sinken, und des Verführers Beute werde! — Hinweg aus meinem Herzen, Liebe! daß kein andres Gefühl als Rache darin Platz gewinne. Aus Rache will ich alles wagen — dann vor dich hintreten, König! und lachen, dann vor die Verführte hintreten, und lachen, daß Wahnsinn die Folge des schmerzhaften Gefühls ihrer verlornen

Tugend

Tugend sei — wenn du dann dastehst und dein Haar sich himmelwärts sträubt, und das Blut in deinen Adern zu Eisse gerinnt, will ich mit Hohnlachen vor dich hintreten, und rufen: „so rächt sich Trenk!" — Voilà mon miserable roi, que Vous avez raison de craindre tout de moi!"

Ich wurde auch wirklich, nicht wie man vielleicht von dieser brausenden Hitze vermuthet hätte, durch den Schlaf kurirt, sondern befand mich in jener Gemüths-Beschaffenheit, daß jederzeit beim Gedanken „Friederich!" das Blut in mir in stärkere Wallung kam, und ich beinahe in eine Art von Paroxysmus gerieth. Die Lippen bebten vor Wuth, und die Faust ballte sich unwillkührlich.

Es war ganz unvermeidlich, daß dieses Friederich nicht hätte bemerken sollen, denn bei seinem Anblick verdoppelte sich jener Paroxysmus, und trieb alles Blut von meinen Wangen nach dem Herzen zu. Ganz unvermeidlich war es deshalb auch, daß Friederich seine Aufmerksamkeit nicht hätte verdoppeln sollen.

Endlich sogar, als tägliche Sophistereien mich immer mehr in der Rechtmäßigkeit meiner Vorstellungen und Handlungsart bestärkten, die Vernunft aber doch die Stürme des Blutes legte, wurde

ich

ich fähig, bei kaltem Nachdenken meinen Haß fortzusetzen, und ich sann nun ernstlich auf Plane, wie ich ihn am meisten kränken, und ihm schaden könne.

Darauf aber, daß es den Hals kosten könne, war ich im Voraus gefaßt, und überhaupt hab' ich nie meinen Hals sonderlich ästimirt, eine Sache, die mir jezt gar vortreflich zu statten kommt, denn wie würd' es mir sonst sauer werden, ihn hier so um Nichts und wieder Nichts hingeben zu müssen. Hiermit will ich keineswegs behauptet haben, daß ich so unschuldig sei, wie die Sonn' am Himmel, und nicht wisse, wie ich zu der Ehre, ihn verlieren zu sollen, komme, ich meine nur, daß die Franzosen, sonst so artig, jezt plump genug geworden sind, nicht einmal zu warten, bis man sein Vergnügen ganz bei ihnen genossen. — — —

Trenk! Trenk! nach so vielen Geniestreichen, hättest du denn wohl diesen lezten nicht zu machen nöthig gehabt. — Ob das Schicksal vielleicht auch meinen Tod geniemäßig hat einrichten wollen?

I.

Die Fabel aus Schlaraffenland.

Sechstausend Jahre zählen wir nun nach menschlicher Bekanntschaft mit unsrer Erde. Gelehrte behaupten, daß sie zu dieser Zeit nicht neuerdings erschaffen worden sey, sondern blos eine große Umwandlung erfahren habe. Daß sie nicht erschaffen worden sei, ist wahr, aber nicht eben so wahr ist, was man von der Art der Umwandlung sagt. Beides werd' ich sogleich beweisen.

Als ich in Magdeburg dem geübtesten Maulwurf die Rechte streitig zu machen bemüht war, entdeckte ich mit Einem zur Seite einen großen eisernen Kasten. So wie ich ihn berührte, fuhr der obere Theil desselben mit einem entsetzlichen Geprassel in die Höhe, und ich sahe im unteren Theile verschiedene Schriften liegen. Vermuthlich dacht' ich, ist vorzeiten hier ein königliches Archiv gewesen, und wer weiß welche wichtigen Staatsgeheimnisse diese Papiere enthalten!

Dieser Gedanke fuhr mir wie ein Blitzstrahl durch die Seele, denn, dacht' ich, wenn sie enthalten, daß Fritz Ansprüche auf Teutschland hat, und du kannst ihm dazu verhelfen; so wird er doch wenigstens dir ein ander Sommer-Logis verschaffen.

Ich packte meine Papiere unter den Arm, und kroch à la Krebs mit den Beinen voran, rüstig wieder zu meiner Burg, und meinem königlichem Geschmeide.

Die Schrift war sehr antik, und das Papier von gelehrten Würmern hin und wieder freilich etwas stark angegriffen, indeß konnt' ich doch, wenn ich behutsam damit umgieng, den Sinn ganz erträglich heraus buchstabiren. Aber, damit ich es kurz mache!

Ich sah sogleich nach dem Tittel, und fand folgendes Fragment:

„Wichtige Geschichte des Erdkreises von Autochten, bis auf gegenwärtige Zeit, das Jahr der Welt 8472. Verfasset, und von neuem ins Kurze gezogen." — des Verfassers ehrwürdigen Namen hatten die indiskreten Würmer zu schmaußen sich nicht erblödet.

Welcher

Welcher Gelehrter von Profeßion sieht hier nicht schon im Geiste die herrlichsten 22 Foliobände über diesen wichtigen Gegenstand, und sein eignes hohes Brustbild mit gestrenger Alongen-Peruque vor dem Titel, prangen?

Der Herr Autochton fiel mir selbst auf, weil mir weder ein König, noch ein Feldherr dieses Namens je vorgekommen war, und ich hielt ihn anfänglich etwa — ich glaube gar für einen Bürgermeister von Schilda. Als ich aber vom Jahr der Welt 8472. las, nun so war nichts gewisseres bei mir, als daß der Verfasser — den zu kennen ich freilich die Ehre nicht hatte — mit den Prädamiten auf irgend eine Art in geheimer Correspondenz gestanden habe, wenn er nicht — denn der Fall ließ sich auch denken — mit dem heiligen Johannes auf Pathmus um die Wette geträumt hatte.

Nun muß ich zu meiner Schande gestehen, daß ich von jeher vor allzugroßer Gelehrsamkeit eine ganz entsetzliche Aversion gehabt habe, und mich gar wenig darum bekümmert, ob der erste Mensch Adam oder Herr von Adam geheißen, oder gar anders, wenn ich nur gerade wußte, was ich brauchte. Ich gerieth daher, da ich überhaupt meine erste Hofnung getäuscht fand, zu die Versuchung, das gewiß allzugelehrte Werk bei Seite zu legen. Noth indeß lehrt beten — flüsterte mir die Langeweile zu, und gähnte so erschrecklich dabei, daß mir bange würde, sie möge mich verschlingen — kann sie dich nicht auch zum Gelehrten machen? — Schon zog Miß Langeweile das Mündlein wieder bis zu den Ohrläpchen, und eröfnete die Aussicht nach der meilenweiten Gurgel, als ich geschwind, aus Furcht sie möchte den Ungehorsamen zum Frühstück nehmen, mit der Nase in meine Reliquie hineinfuhr.

Ich wendete das Tittelblatt um, und man denke sich mein Erstaunen, als ich las:

„Allerdurchlauchtigster Löwe!

Gnädigster Fürst und Herr!

Großer Sohn des Himmels und der Erde!“

Ich lächelte, oder lachte gar, denn solche Albernheit qualifizirte in meinen Augen den Herrn Verfasser zum Tollhause. — Aber ich las weiter! — —

Was ich aber alles las, das weiß ich freilich selbst nicht mehr, aber so viel weiß ich, daß die tiefen Einsichten des Verfassers mich mit der größten Bewunderung erfüllten, und — nun komm' ich

ich auf den Punkt — daß die Herren Gelehrten, welche Hypothesen über die Umwandlung der Erde hervorgebracht haben, samt und sonders sehr große Lügen gesagt haben, wenn sie behaupten, die Erde habe unter Wasser gestanden, und ein starker Wind habe dieß Wasser innerhalb gewisse Grenzen getrieben.

Nein, das mögen sie jezt besser von mir hören!

Daß die Welt älter, denn sechstausend Jahre ist, wer läugnete das, da man von Autochton bis Adam wenigstens neuntausend Jahre zählen kann. (Ob Sonnen oder Monden — Jahre kann ich freilich nicht gewiß bestimmen.) Wer weiß nun aber, wie viele Jahrtausende man wieder vor diesem Ehrenmanne zählen kann? Wir wollen nur circa achtzehntausend Jahre nehmen.

Dem sei aber wie ihm wolle, denn ich überlasse diese Ausmachung gelehrtern Leuten; so kann ich doch mit Gewißheit behaupten, daß durch Wasser die Umwandlung nicht geschehen ist. Was führten die Gelehrten zur Begünstigung ihrer Meinung an? Seehunds- und Wallfisch-Gerippe auf Gipfeln von Bergen versteinert! — Aber, wenn diese dort oben versteinert worden wären, folgt

 nicht

nicht unwidersprechlich daraus, daß mein eiserner Kasten, der doch auf keinem hohen Berge war, auch hätte versteinert sein müssen?

Nun, geschlagen? — — — —

Wunderbar ist bei dem ganzen Werke, daß Schlaraffenland damals der Hauptsitz aller Cultur gewesen, und hierüber lassen sich wirklich für einen Gelehrten ungeheure Meditationen anstellen. Vielleicht hat sich die Stellung der Erde gegen die Sonne verändert, vielleicht der Lauf des Meeres, und auch der jüngste Tag müßte sich daher bestimmen lassen.

Ich behaupte dagegen die Umwandlung der Erde sei durch Feuer geschehen, denn da das Eisen im Feuer eine röthliche Farbe annimmt, und mein Kasten eine dergleichen hatte; so kann ich, um konsequent zu sein, gar nicht anders schließen.

Lassen wir nun aber den Kasten Kasten sein, und bleiben bei dem Buche.

Das Werk war also dem Löwen dedicirt. Aus der halbzerfressenen Dedication erseh' ich, daß Löwe der Name eines damaligen regierenden Königs in Schlaraffenland war, denn so heißt's:

„Wenn Ew. K. M. bei kühlen Sommerabenden unter dem grünen Baldachin einer Laube, umgeben

geben von den reizendsten Houris des Landes, zu liegen allergnädigst geruhen; so dürfen Ew. K. M. keineswegs fürchten, aus diesem Buche Langeweile zu schöpfen, indem ich mich allerunterthänigst nach Ew. K. M. zu richten unterstanden habe, und nach jedem ernsthaften Abschnitte, einen launigten Spaß zu setzen mich nicht entblödet; wasmaßen ich zu wissen die Gnade habe, daß Ew. K. M. ernsthafte Sachen allergnädigst von sich zu weißen, von jeher geruhten. — Haben Ew. K. M. aber die Gnade gehabt, meinen Spaß durch den Mund Ihres Vorlesers zu allerhöchsten Ohren bringen zu lassen; so erbitt' ich mir in allerunterthänigster Ehrfurcht von Ew. K. M. die Gnade, dem ernsthaften Theile meines Werkleins die unschätzbare Ehre anzuthun, denselben zu geheimen Gebrauche allergnädigst zu benutzen, in welcher Hofnung ich auch so frei gewesen bin, das Exemplar für Ew. K. M. auf das allerfeinste Papier drucken zu lassen."

Vermuthlich war mein Geist mit dem von Sr. Lappländischen Majestät verwandt, denn auch ich grif wie mit ächtem Heishunger nach dem launigten Spaße. Der selige Verfasser hat die fortlaufende Erzählung eine Fabel überschrieben. Nun weiß ich zwar wohl, daß sie nicht so eigentlich eine

Fabel ausmacht, sondern mehr eine Erzählung ist, aber ich unterstund mich nicht die Uiberschrift zu ändern, aus Furcht von den Alterthumskundigen essigsaure Mienen zu erhalten.

Doch, zum Zwecke.

Medor starb, Utopiens Herscher!

Der Kaufmann freute sich, der Krieger fühlte seinen Schnurbart heiß von Thränen, der Gelehrte jammerte, der Bürger huldigte Ringolfen, Medors Sohne.

Noch ein Wort von Medor. —

Medors Freude war ein Vogelkasten. Verschiedene Vögel waren darin, groß' und kleine, schön' und häßliche, der sang Baß und der Diskant. —

Dieser Vogelkasten war ein Bild von Medors Land. Subordination hier wie dort. — Wenn Medor pfif, und er hatt' ein artiges Vogelpfeifchen; so kamen die Vögel gezogen je drei und drei.

Justitia mit weißen Schwanenfedern kam mit Aequitas voran, und in der Mitte war in aschgrauer Farbe Chicana. Medor gab ihnen Futter. Chicana wollte jene nicht zu lassen, da nahm Medor vor sein Stöckchen, und schlug das graue Thier auf den Kopf, und Aequitas und Justitia führten ungefüttert das garstige Thier hinweg.

Darauf kam der Vogel Klugheit und der kleine Collbri Witz, die führten in ihrer Mitte den bunten Wiedehopf Arglist — pfui! stank das Thier abscheulich. Geh, Schlingel! sprach Medor, und hielt sich die Nase zu. Er mußte fort, aber ein derber Klaps auf seinem Kopfe durchschallte das Vogelhaus.

Nun kamen Humanitas und Nimmertod, die führten den Geier Despot. Medor schüttelte den Kopf, und sprach zu den Wächtern Despot's „Habt Acht!“ und gab ihnen Futter!

Gähnen Ew. Majestät? Wohl! ich mach' es kurz.

In der Mitte des Kastens saß eine große abscheuliche Kröte, Kabala hieß die. Wenn Chicana, Arglist und Despot Eier legten; so mußte Kabala sie ausbrüten.

Ein Löwe aber war Wächter. Ruhig lag er da, nur wenn die Kröte zuckte, oder neue Brut von ihr anflog, sprang er auf, trat jene, und würgte diese.

Der sterbende Medor warf einen Blick auf seinen Vogelkasten. Das sahe Rangolf, und wollte dem Vater versprechen, — da starb Medor.

Er war begraben, da dachte Rangolf des Vogelkastens, und gieng den Vögeln Futter zu streuen. Chicana, Arglist und Despot fraßen alles auf, denn Rangolf hatte des Stöckchens vergessen.

Vierzehn Tage, und er war des Spieles müde. „Man gebe den Thieren die Freiheit!" sprach er, und — — da flogen sie hin!

Chicana, Arglist und Despot flogen aus ins Land, die übrigen, denn sie waren 's so gewohnt, flatterten lustig um den Thron. Die Kröte brütete täglich eine ungeheure Menge junge Brut.

Wo diese, und ihre Alten hinkamen, schmaußten sie die jungen Blüthen von den Bäumen, und des Landmanns Hofnung wurde Furcht. Sie setzten sich aufs Haupt der Menschen, und saugten das Mark aus den Röhren — ihre liebste Nahrung! — Da wallfahrtete das Volk zum Throne, und bat die guten Vögel, Rangolfen zu sagen, daß er den Löwen schicke.

Weh! der Löwe war Medorn nachgefolgt, und alle Tage saugen die guten Vögel:

Ver

Vor der grauen Chicana,
Vor der schwarzen Arglist,
Vor dem häßlichen Despot
Behüt' uns lieber Herre Gott!

Rangolf aber verstand es nicht, oder wollt' es nicht verstehen. Nach dreien Morgen gieng er im Garten, da sangen die Vögel:

Vor dem faulen
Vor dem bösen
Rangolf!
Behüt' uns lieber Herre Gott!

Da ergrimmte Rangolf, und befahl die gottlosen Vögel zu haschen, zu tödten, und zu Speisen zu bereiten.

Justitia ward zu Fricassee zerstossen, und Aequitas mit einer sauern Sauce bereitet. Klugheit wurde klein gehackt, und mit Nießwurz vermengt als Ragout aufgetragen, und Witz den Hoffräuleins als Desert aufgesetzt. Humanitas war zu Cervelate-Würsten klein gehackt, und allein der Nimmertod war den Händen der Würger entflohen.

Einer der schönsten Maltage war zu diesem Hauptschmauße des Königs bestimmt, und Despot nebst Consorten hatten schon statt des Weines das

Herz=

Herzblut von Kaufleuten, Gutsbesitzern, Pächtern und angesehener Müller und Bauern rein abgezapft, um es auf die Tafel zu bringen.

Erlauben Ew. Majestät, daß ich das nicht mit essen möchte, indem ich etwas eckelhaft bin. Aber das Ende des Schauspiels verdient gesehen zu werden. — Zu trocken? Erlauben Sie, sogleich zieh ich einen andern Vorhang auf.

Die Kröte Kabala hatte sich in einen Hofkavalier verwandelt, denn das muß ich Ew. Majestät melden, daß diese Kröte eine wahre Hexe war, denn sie konnte sich in alle Gestalten verwandeln, die ihr beliebten.

Jezt also war sie ein Hofkavalier, und aufs prächtigste ausstaffirt, ließ er sich melden. Glatt wie ein Aal, geschmeidig wie eine Schlange, fromm wie ein — — Pfaffe! — Ob er mit diesen Eigenschaften gerüstet, wohl bei Rangolf hätte sein Glück machen können? — Wollen sehn!

Rangolf gewann ihn schon beim ersten Komplimente lieb, und bat nach einigen Augenblicken ihn, den fürstlichen Garten mit ihm zu durchstreichen.

Valonzi (so hieß er) that's. Ruhig gieng er an der Seite des Königs, und sprang in seinem

Gespräche

Gespräche von einem Gegenstande zum andern, wie man zu thun pflegt, wenn man einen vor sich hat, mit dem man nichts Bestimmtes zu reden versteht.

Durch eine Schlucht giengen sie durch, wo über ihren Häuptern ungeheure Felsstücken den Einsturz zu drohen schienen. Verdorrte Stämme alter Eichen waren am Eingange, und im Verfolg des Pfads wurd' er immer enger und finstrer. Kein Laut regte sich. — Jezt brach der erste Strahl der Sonne wieder herein; einzelne lebendige Gesträuche wurden sichtbar, und jezt bogen sie um eine Felsenwand.

Da stand vor ihnen die lachendste Gegend. Gebüsch und Wiese wechselten ab mit kräuselnden Seen und tanzenden Bächleins. Kraus und wild wie sie schien, riß doch diese Parthie mit unwiderstehlichem Zauber hin, und schien einzuladen zu den höchsten Entzückungen.

Valonzi hingerissen von dieser Magie, blieb in sprachloses Entzücken versunken, die Arme nach der Landschaft ausgebreitet, wie in die Erde eingewurzelt stehen. „Rangolf!" rief er endlich mit gepreßter Stimme, wie von der innigsten Empfindung überwältigt, aus, und legte sich leise, gleich

als

als wäre all sein Bewußtsein dahin, auf Rangolfs Schulter.

Endlich giengen sie weiter entlang eines Baches. Uiber eine Wiese wo der süsseste Wohlgeruch sie umströmte, führte sie ein Blumenpfad zu einem Mirtenwäldchen.

Ein magischer Silberflor, wie das Glänzen der mondversilberten Wiesen in einer heitern Sommernacht, umfloß den Hain. Nirgends dufteten die Lilien süsser und die Rosen, als hier, und nirgends als hier gluckten süsser und schmelzender die Nachtigallenchöre. Ein neubelebendes Feuer durchfloß jede Ader, so wie man den Hain betrat, und ein sanftes himmlisches Gefühl erwärmte die Brust.

Das riß Valonzi allgewaltig hin. Es schwammen die trunkenen Augen, der offene Mund wurde ganz Begierde, ein wollüstiges Zittern ergrif den ganzen Körper, schnell und schwach wurde der Athem. „Hier, o hier! seufzte er aus dem Innersten hervor! Amanda!“ rief er dann aus, und sank in ohnmächtiger Wollust unter die Blumen nieder. —

„Rangolf!“ rief er nach einiger Weile, und seufzte. Rangolf setzte sich nieder bei Valonzi,

und

und es war eine stumme Pause von einigen Augenblicken. Nun ergoß sich Valonzi ins Lob seiner Amanda, und tausend Bilder wo die üppigste Fantasie den Umriß entwarf, der Wollust blendendste Farben das Kolorit ausmachten, giengen Rangolfs schwelgende Sinne vorüber.

Valonzi schwärmte, und kein Wunder wenn auch Rangolfen das Fieber der Schwärmerei ergrif, denn keine Seuche steckt leichter an als diese. Seine Sinne machten jezt den raschesten Zirkeltanz, sein Auge funkelte, sein Athem war Sturm, sein Herz kochte. Seine Menschlichkeit empörte sich ungestüm.

„Amanda!“ rief nach einer Pause heftiger Valonzi aus, und stürmte in die Höhe. Rangolf blickte halb erschrocken in die Höhe, und — da lag Valonzi in Amandas Armen. —

Wie ward ihm da? Amanda schien ihm mehr als eine Tochter der Erde. Schlank wie eine Göttin ihr Wuchs. Die Rosen des Frühlings blühten auf ihren Wangen. Auf der sanftgewölbten Lilienstirn thronte die Freude, auf den Pfirsichlippen schwebte alle Entzückung der Wollust. Wie floß um den alabasternen Hals das braune Haar! Wie wogte der Busen! Wie blitzte das Auge! — —

O, und wen ihr Arm umschlang! — Ein Arm, blendend wie Silber, voll und stark! durch die glänzende Weiße schimmerte Bläue des Aethers! Ein Händchen, klein und rund und weich und weiß! — Kein Gewand versteckte den Arm, ein dünner Milchflor schwebte luftig über dem wogenden Busen — ein leichtes weißes Gewand umschloß die reizenden Glieder.

Rangolf hielt sich nicht, er stürmte auf Amanda los, riß aus ihren Armen Valonzi, und drückte sie fest und innig an sein Herz. Ihn durchglühte der Feuerkuß Amandas, sein Haupt wiegte sich auf den Wellen ihres Busens — da taumelte er hin!

Ermüdet vom Kampfe der Liebe, dacht' er endlich des heutigen festlichen Tages, und wand sich von Amanda los. „Ich sehe dich wieder?" fragt' er zärtlichbittend beim Scheiden. „Wir sehn uns wieder!" rief Amanda, und eine Besorgniß von seinen Lippen in einem Kuß erhaschend, hüpfte sie hin.

Rangolfen war nie so wohl gewesen, und er wußte selbst nicht, wie er das Ende des Wäldchens für diesmal erreichte.

Eben

Eben lenkt' er um das Felsenstück herum, das durch den Pfad des Lebens — so hieß die enge Schluft — hindurch führt. „Halt!“ rief eine Stimme wie die des Donners ihm entgegen, daß das Gehör ihm krachte vom Schalle. „Halt!“ rief es noch einmal, und eine Gestalt groß und stark wie Riesen trat hin vor ihn. Das Haar flog wild um den Kopf, über den Augenbraunen hatten sich dicke Falten zusammengerollt, das Auge blickte wild umher. Haar bedeckte seine Brust, ein Bärenfell umgürtete seine Lenden. In der sehnichten Rechte hielt er eine ungeheure Keule. „Halt!“ rief die Gestalt zum drittenmale donnernder als vorher, und packte Rangolfen mit der Linken bei der Brust, und schwang mit der Rechten über seinem Haupte die Keule.

Rangolf zitterte.

„Valonzi's Genius bin ich — rief die Gestalt — Amanda führt' ich ihm entgegen zu seiner Ruhe und dem Glücke seines Lebens. — Willst du sehen wie du ihn elend gemacht hast? — Wohl, du sollst ihn sehen, und dann zerschmettert meine Keule dich. — So schwur ich's dem Mörder der Ruhe Valonzis!“

Mit starkem Arm hob der Genius Rangolfen in die Höhe, und zog ihn mit sich fort in eine Höle.

Da lag Valonzi. Sein Auge fürchterlich verdreht, sein schäumender Mund verzerrt, wand er sich in gichtrischen Zuckungen wimmernd am Boden umher.

Rangolf bebte. Sein Haar sträubte sich himmelempor. Ruhiger wurd' im Augenblick Valonzi, sanfter, wie es schien, sein Schmerz.

„Ja, ja rief Rangolf auf, Valonzis rechte Hand ergreifend, und niederknieend vor seinem Genius, das ist mein entsetzliches Werk! — O Freund, was hab' ich gethan! — Konnt' ich also deiner vergessen, deiner Ruh, und deines Glücks? — Valonzi — theurer, braver Valonzi! kannst du mir verzeihen? —“

Einen Augenblick, noch einen, und wieder einen, schien Rangolf in der Stellung eines Nachdenkenden da zu liegen, rasch riß er dann von seinem Kleide den Orden des Verdienstes, und hieng ihm Rangolf um, denn dem Gold, und diesem gnädigen Spotte der Fürsten, was wäre denen ohnmöglich? — Rangolf hatte darauf gerechnet.

Um Grade sanfter war Valonzis Schmerz nach dieser Operation von neuem. Aber ungestü-

mer

mer war sein Genius als er. Mit stierem vorgequollnen Auge stand er da, seine Nüstern brauseten, und über seine Lippen donnerte folgende Rede:

„Dies Ding da? — Dies Bischen Lumpengold an einer Elle Band, dies soll Beleidigungen vertilgen? — du häufst Verbrechen auf Verbrechen! — Dabei verhungert man! Aber so macht's; füttert mit Ehre, tränkt mit Gnade. — Mir bleibt mit euren Hundsfoбttereien vom Leibe! — Besinne dich kurz — oder"

Hier schwang von neuem der Genius die Keule.

„Wohl, begann Rangolf, das beste Rittergut des Landes für Amanda, 60000 Thaler zur Meublirung, und Valonzi ist Amandas Gemahl. — Bist du nun zufrieden, ungestümer Forderer?

Noch wollte der Genius sprechen, da trat Amanda herein. „Welche Stellung!" sprach sie, und trat groß hinzu. „Steh auf, Rangolf!" fuhr sie fort. — „Du nicht zu deines Fürsten Füssen, Elender!" redete sie härter Valonzi an, und wendete sich eben an seinen Genius.

 „Wie?

„Wie? — Du hier? — Und in dieser Gestalt? — Danke mir, daß ich dich nicht aufs härteste züchtige. — Gab ich dir Befehl dies zu thun? Sprich, was konnte dich zu solchen Frevel bewegen? — Sprich, oder ich geißle dir den Rücken wund!“

„Mitleid, meine Gebieterin!“ sprach zitternd der Genius, und seiner Faust entsank die schwere Keule.

„Und Mitleid konnte dich vergessen machen, daß Rangolf König ist? Hat er nicht als solcher das Recht über die Beutel der Männer, über die Tugend der Weiber? — Zum letztenmal ist dir verziehen. Entferne dich nun!

Beschämt entfernte sich der Genius.

„Ich begleite dich,“ sprach nun zu Rangolf Amanda, und bot ihm mit unwiderstehlichem Zauber den Arm. Seliger war Rangolf nie gewesen, als jezt, in diesem Augenblick wär' er König gewesen auch ohne Land. Valouzi folgte ihnen nach.

Amanda begleitete Rangolf bis zum Ausgang der Schluft. Da standen sie beide, im wonnigsten Entzücken verloren, in Miene Stellung, und Ton der Trunkenheit völlige Symptome sichtbar.

„Wie

„Wie selig ist's ein Fürst zu sein!“ rief Rangolf aus, Amanda's Brust fester sich anschmiegend, mit seinen Armen fester sie umschränkend „und Liebe zu geniessen!“ sprach im lispelnden Tone der matthinsinkenden Wollust Amanda; und ihre Worte begleitete ein Blick — o! war das ein Blick!

Doch jezt entwand sie seinen Armen sich, und reicht' ihm groß zum Abschied die Hand. „Ich gebiete den Geistern, sprach sie, das hast du gesehn, — wirst auch du mir gehorchen?“ „Ob ich werde?“ rief schwärmerisch Rangolf aus, o, ich will nur gebieten, um dir zu gehorchen!“

„Wohl denn, entgegnete Amanda ihm — nimm meine erste Lehre! „Der Fürst ist über die Gesetze!“ “

„Und wenn ich sündige?“ fragte Rangolf.

„Vergeben deine Priester dir, die ehre!“ sprach Amanda, küßte Valonzi, und — da war sie hin!

Valonzi, als hätt' er des eben verflossenen Vorfalls vergessen, oder gleich als wäre nichts vorgefallen, trat wieder zu Rangolf jezt, und redete mit ihm von des Gartens so herrlicher Anlage, von dem Hinreissenden in den abwechselnden so ver-

 schiedne

schiedne Saiten der Empfindung berührenden Partheien.

Horch! mit Einem ertönte von verschiednen Seiten her:

den fröhlichen }
den glücklichen } Rangolf,
beglückenden }

Erhalt' uns, lieber Herre Gott!

Wer anders konnte so anstimmen, als die Favorit-Vögel des neuen Königs, Chicana, Argelist und Despot. Es lobte der Fürst Balonzi den schönen Gesang, und das noch schönere Gefieder der Vögel. Wirklich konnte Rangolf sich nicht besinnen, sie je so schön gesehn zu haben. Wie Rose, Kopf und Schwanz, und der himmelblaue Flügel mit Golde der Morgensonne umsäumt. — — Rangolf erhaschte davon einen, und streichelte ihn zärtlich kosend. An seinen Händen klebte Gold, und des Vogels Flügel ward aschgrau, doch er bemerkt' es nicht, denn das listige Thier stimmte den obigen Panegyrikus an.

Eine rauschende Musik, welche beiden so eben in die Ohren schallte, mahnte sie an die Rückkehr zum heutigen Feste. Sie giengen entlang dem wölbenden Akazia-Gange, der zum königlichen

Tafel-

Tafelgemach führte, hin, als sie auf ein wunderbares Gesicht stießen, bei welchem nicht zu verweilen, beiden gleich große Unmöglichkeit gewesen sein würde.

Ein Weib, das in der linken Hand eine Schlange hielt, welche sie zu verbergen bemüht war, und in der Rechten eine Opferschaale aus der Weihrauch aufdampfte — alt und häßlich wie die Nacht zwar, aber durch Schminke und Farbenmahlerei aufgestutzt — stand da, und neigte sich unter mancherlei, schönseinsollenden, aber bizarren Verbeugungen vor einem Bilde, welches über dem Dampfe der Weihrauchsschale schwebte, und je nachdem der Rauch stark oder schwach war, stieg und sank. Die Figur oben hatte ein langes weibliches Gewand aus seidenen Zeugen aller Farben erbärmlich zusammengestückt, eine dreifache Krone auf dem Haupte, ein Feldherrnschwert an der Seite, Ordensbänder aller Art um Brust und Rücken gehängt, einen Gurt aus Kirchenväter Folianten gewoben, und auf dem aus Titeln metaphysischer Lehrbücher geschmiedeten Medaillon daran, stand mit goldner Inschrift: „Von Gottes Gnaden!“

„Ha, schöne Weiber! rief Balonzi aus, trift man euch hier? Woher? Wohin?“

 „Freut

„Freut mich doch die Gnade zu haben, Ew. Durchlaucht — trat die untere zu Valonzi hin — allhier zu treffen. Wo man Sie aber nicht selbst traf, war doch wenigstens der Ruf von Ihren Verdiensten. — Darf man wohl allerunterthänigst sich unterfangen, wer Ihr Begleiter — — — (zurückfahrend, Weihrauch in die Opferschale werfend, und dann niederknieend.) Wer erkennt dich nicht, erhabner König! — Von Pol zu Pol, tönt o Rangolf! dein Ruhm. — Im Munde unmündiger Kinder und Säuglinge hast du dir bereitet, — o dieser Stirn Majestät! — Erlaube mir nieder zu sinken vor dir, und den Staub deiner Füsse zu küssen, daß dann auch ich groß sei! — — Diesen erhabensten Herrscher der Völker, meine geliebteste Tochter! nimm ihn, und trag' ihn sanft auf deinen Händen!“

Wie in sprachlosem Erstaunen, und stummer Ehrfurcht blieb sie auf ihrem Angesicht liegen vor Rangolf, der sich während dieser Zeit an Valonzi wendete, zu erkunden wer denn diese „artigen schönen Damen“ seien.

„Madame Schmeichelei ist diese hier, antwortete Valonzi, und hier ihre liebenswürdige Tochter, Miß Hochmuth! Beide haben viele

Freunde,

Freunde, und Freundinnen, hauptsächlich an Höfen!"

„Daß sie sich nicht entfernen von dem meinigen, und Ihnen fürstliche Ehre erzeugt werde. So befehl' ich's."

„Jeder Befehl Rangolfs ist heilig seinem allerunterthänigsten Knechte Valonzi!" sprach der Höfling, mit einer ehrfurchtsvollen Verbeugung, einige Schritte zurücktretend.

„Noch kann ich nicht bleiben, sprach Miß Hochmuth, Allerdurchlauchtigster! Von eines Befehls Erfüllung hängt unser Bleiben ab. Diesen Befehl, König! senden dir die Götter. Sie sagen dir: „Rangolf! Sohn der Götter! wisse, daß du mehr und besser denn deine Unterthanen seist, sie alle sind um deinetwillen da, deinen Lüsten, deinen Launen zu fröhnen! —" Wirst du diesen Befehl erfüllen?"

„Buchstäblich," antwortete Rangolf.

„Nun wohl! so tritt auf meine Hände, ich trage dich!"

Das that denn Rangolf — o, wie erhaben er ward! Was war ihm die Erde da? Näher dem Himmel verachtete er sie. — Doch, jezt dacht' er Amanda's. „Und wenn dem Göttersohn eine Menschenstunde beschleicht?" fragt' er.

„So ist glücklich die Tochter der Erde, welche er seiner Gottheit näher zu bringen würdigt," war die Antwort, und im Augenblick hatte die lustige Botin ihn in den Kreis der schmaußerwartenden Höflinge niedergesetzt.

Schnell, sehr schnell muß Madame Schmeichelei sein, denn schon stand sie wieder hier (unsichtbar den Höflingen, sichtbar dem Könige) an der Höflinge Spitze. Vielleicht waren ihre Bewegungen elektrisch, denn wie der elektrische Schlag eine ganze Reihe zückend durchfährt, so ihre Bewegungen. Ehrfurchtsvoll trat sie zwei Schritte zurück, kniete zur Erde nieder, und senkte demüthigst zur Erde den Blick. So der Höflinge ganze, in zwo Colonnen getheilte Schaar, durch welche Rangolf, den Kopf in die Höhe gerichtet, gleichsam die Erde verachtend, von Miß Hochmuth begleitet, hindurch gieng.

Die Paucken wirbelten, die Trompeten schmetterten — man setzte sich zur Tafel.

Lustig war es anzusehn, mit welchem Appetit König und Höflinge über die Gerichte herfielen. Die arme Justitia war hinter ehe man sich es ver-

sah,

sah, und manchem lief die Sauce von Aequitas über den Bart. Eben schwemmte man in behäglichster Ruhe in alten milden Weine das Ragout hinunter, als mit Einem — o Wunder! — ein sanftes Lüftchen jede Wange leis aber wollüstig umfächelte, welches Fächeln eine gewisse Trägheit durch den ganzen Körper goß. Dunkler brannten Lichter und Fackeln, die Musik verstummte, jeder Laut in jedem Munde erstarb.

An der einen großen Flügelthür aber vernahm man sanfte Töne, wie die der Flöte sind, wenn man in stiller Mainacht von einiger Ferne her sie tönen hört.

Jedes Auge schwamm, der offene Mund lachte, den Athen hielt jeder zurück, denn das Schmelzende der Musik, hatte jeden abgespannt, und diese Abspannung mahlte sich auf jedem Gesichte.

Da öfnete sich die Flügelthür von selbst, und mit langsamen Schritt trat in ein schwarzes Gewand gehüllt, unter siebenfachen Schleier verborgen das Antlitz, eine dicke Gestalt herein. Auf der Brust glänzte ein großer mächtiger Orden. Sklaven trugen hinter ihr her eine erstaunende Anzahl Juwelen, Perlen, Orden und Gold. Sie gieng unmittelbar auf Rangolf los, und ließ von

einem

einem Sklaven sich den Schleier zurückheben. Ihr Gesicht war feist und roth. Kleine Augen schienen fast vom Fett verschwollen, sonst war nichts von Ausdruck auf dem Spiegel ihrer Seele sichtbar. Aber vielleicht doch, denn wer bürgt uns denn, daß ihre Seele nicht wie die Augen vom Fett verschwollen war?

Ein andrer Sklave trat hervor, und kniete nieder vor Rangolf. „Jede Göttin hat heute beschlossen — sprach er — ihren erhabensten Liebling zu belohnen, auch die meinige!" Er stand nun auf, und nahm aus seiner Göttin Hand schwarze von Ochsenleder schön bereitete, aber mit allerhand nichts bedeutenden aber äusserst kostbaren Figuren von Diamanten, Topasen, Chrysolit, Hiazint, Karfunkel, Rubin, Amethist, Sapphir und Smaragd ausgelegte, Stirnbänder, und wand das schönste und grösseste dem Könige, minder schöne und minder große den Höflingen um die Häupter. Nur Valonzi nicht.

Keiner konnte sich entsinnen, je solch eine ruhige Behaglichkeit gefühlt zu haben, und selbstgefällig belächelte jeder seinen neuen Schmuck.

Eine neue rauschende Musik erhob sich nun, begleitet von himmelanhebender Vokalmusik. Ein

Hymnus war's auf die gegenwärtige Göttin, der so sich anhub:

„Heil, dir Heil! o holde Dummheit!"

und während des Gesanges schluckte man vollends den Rest des Ragouts hinunter.

Die Göttin hörte den Hymnus, der ihr zu Ehren erscholl, mit einem schmunzelnden Lächeln an, gähnte zwar ein Paarmal, aber verweilte bis zum Ende. Ein schönes, wohlgepolstertes Sofa brachten zwei Sklaven nun, auf welches hin sie die Glieder streckte, und nun sich fortragen ließ, wobei die Schmeichelei und Hochmuth sie begleiteten.

Die neumodischen Cervelate-Würste wurden nun vom König, und den Höflingen jetzo bewundert, und — der Pächter schäumendes Blut. Doch da Bewunderung nicht sättigt, behandelte man sie sogleich reeller. Der unvergleichliche Geschmack derselben entzückte Jeden über die Maaßen. — —

Im besten Schmaußen war man, als ängstlich und zitternd ein Kämmerling des Königs hereinstürzte, der mühsam hervorstammelte: „Aufruhr, Ew. Majestät, mit Spießen und Stangen bewafnet, stürmt ein unabsehbarer Haufen die Straßen herab, welcher mit Ungestüm das Blut der Lieblingsvögel von Ew. Majestät fordert, und die getödteten Vögel wiederher verlangt!"

Eine Nachricht allerdings, bei welcher Jedem der Bissen im Mund erstarb. Und doch war dieses noch nicht alles, denn ein entsetzliches Schneiden im Unterleibe, und drücken im Magen, nebst einem heftigen Kopfweh gesellte sich bei Jedem zu der schlimmen Nachricht, welche natürlich das Böse noch um Grade vermehrten.

Valonzi aber war nicht mehr zu sehen — vermuthlich hatte die Kröte ihren Sumpf gesucht! — An wen nun sich wenden? Was in dieser Noth beginnen? — Vergebens suchte man die Schmeichelei, vergebens den Hochmuth — fort waren beide! — O, das war doch entsetzlich, in dieser Noth so von allen verlassen zu sein!

Das Getümmel kam näher immer und näher. Wildes Schreien des Zorns und der Rache stürmte den Himmel, und der Himmel erhörte. Der Donner krachte dreimal fürchterlich, und die Grundveste der Erde schien zu erzittern. Auf einen Augenblick schwieg das Getös der empörten Menge da, aber ein hohes Gejauchz „Triumph! Triumph! der Nimmerrad!" unterbrach die Stille.

„Sei

„Sei Richter zwischen uns und ihm, Richter zwischen uns und ihm!“ rief alles ihm entgegen. „Gieb mir mein Weib, mir meinen Sohn, mir meinen Vater, sein Höfling schändete meine Tochter mir, raubte die Braut mir von der Seite — sei Richter zwischen uns und ihm, Richter zwischen uns und ihm!“ so scholl es in Einem weg.

Vor dem wollüstigen
Vor dem einfältigen } Rangolf,
Dem despotischen

Behüt' uns lieber Herre Gott!

So sang der Vogel Nimmertod, als eine dichte schwarze Gewitter-Mitternachts-Wolke sich um ihn sammelte, und den Augen verbarg. Ein Blitz durchfuhr die Wolke, diese zertheilte sich, und auf einem ebenen Throne saß in weißem Gewande, in der Rechten eine Palme, in der Linken ein Schwert, eine ernste majestätische Göttin, deren Anblick Schauer der Ehrfurcht einflößte. Neben ihr stand mit prüfenden auf eine Wage gehefteten Augen eine zwote Göttin, und eine dritte, welche in die steigende Wagschale einige As zu legen stets beflissen war. — —

Alles schwieg bei diesem Anblick, wie im verzauberten Walde, wo sich kein Lüftchen rührt, kein Blättchen rauscht, dem Vogel Leben und Stimm' entflieht. Jeder hielt den Athem zurück, erwartend welche Worte die ernste Göttin spreche.

Ein neuer Donnerschlag, dann hub sie majestätisch sich von ihrem Sitz empor. — —

„Die sonst Nimmertod hieß — hub sie an — heißt Unsterblichkeit nun. Wiedervergeltung ist mein Gewerbe, Rache mein Handwerk! — — Tretet hervor, Verführer und Verführerinnen!" —

Chicana traten hervor, Arglist und Despot, häßliche alte Weibergestalten. Amanda's glühendes Auge, ihr stürmisch wogender Schwanenbusen, ihr lockender Blick — sie ließen, nicht erkennen, daß diese Dirne die Wollust war. In ihrer Hand hielt sie kosend die abscheuliche Kröte Kabala. Schmeichelei und Hochmuth vollendeten die Reihe.

„Dir übergeb' ich sie, Vater Kabala's!" sprach die Vergelterin Unsterblichkeit.

Valonzi's Genius trat da hervor, da spottete seiner und der Unsterblichkeit Amanda's lächelnder Mund; „den kenn' ich!" sprach sie zur Unsterblichkeit!

„Du kennst mich nicht!" brüllte eine Stimme, wie das Krachen im Innern des Aetna, wenn er einen glühenden Lavastrom auswirft, und nicht Valonzis Genius stand mehr vor ihr, sondern eine ungeheure Gewitterwolke, über ihr ein ungeheurer Kopf, statt der Augen drohende Kometen, statt der Haare feuerspeiende Drachen, Feuersäulen die Füsse, Feuersäulen die Arme, und Krokodille statt der Finger nnd Zehen!

Bei diesem fürchterlichen Anblick sank die Wollust in ihr erbärmliches Nichts hin! „Komm, laß den Teufel mit dir buhlen, rief die Gestalt, ergrif sie beim Schopf, und fuhr sausend mit ihr durch die Luft. Donner durchkrachte die weite Gegend umher.

„Justitia! fuhr nun die Göttin fort — die Dirne hat ihren Lohn. Du weißest es aber, daß ich nie etwas zur Hälfte nur vollbringe. Gehe deshalb und entledige Rangolf und seine Höflinge der Stirnbänder, denn ich sehe, daß sie gedankenlos auf die ganze Scene hinstarren, wie der Bauerjunge, der zum ersten Male in der Oper ist."

Justitia vollbrachte sogleich, was die Unsterblichkeit ihr gebot. Die süsse Behaglichkeit, die den Fürsten und seine Diener bis diesen Augenblick noch umgeben hatte, schwand sogleich, und alle merkten nun — — daß es einen ganz verteufelt starken Geruch um sie, nicht eben dufte, aber doch verbreite.

„Justitia!" rief Aequitas jezt in einem halb bittenden halb fordernden Tone, und hieß sodann, die um sich Versammelten näher zu treten. Einen großen Spiegel hielt sie ihnen vor, darin in ihren ungeschminkten ächten Gestalten Dame Schmeichelei, und Lady Hochmuth waren. Der Ausdruck in den Gesichtern schien die verworfensten Kreatüren zu charakterisiren, und ihr vorher schimmernder Putz prangte jezt in originaler Gestalt, als ein aus tausend verschiedenfarbigen Lappen zusammengeflickter Bettlerwamms, Donna Dummheit saß in der letzten Classe einer Schule zu unterst auf der A, B, C Bank, und mußte sich von einem finstern Orbil Schnippchen aufzählen lassen.

„Sieh da — sprach die sanfte Aequitas — das sind die Göttinnen, denen ihr heute huldigtet, und denen du, Rangolf! an deinem Hofe Altäre zu erbauen gedachtest. — Kennst du sie nun?“

Ein flammendes Hochroth überzog Rangolfs Wangen.

„Gut so — fuhr sie demnach in ihrer Rede fort — dies Erröthen bürgt mir, daß du noch Gefühl für Ehre und Schande hast. Stimmt deshalb, meine Sänger! ihm den Fürstengesang an!“

Eine Musik erhob sich von folgendem Gesang, den einst ein Lieblingsohn der Aequitas gedichtet hatte, begleitet. Also hieß der Gesang:

„Ein Wort an dich, du Fürstensohn!
Besteigst du deines Landes Thron;
So schütz die Redlichen im Lande;
Sei du ihr Freund und leite sie,
Und hör' und ehr' die Schmeichler nie
Der Höfe Pest, der Fürsten Schande.
Die Wahrheit stütze deinen Thron,
Dies merke dir, du Fürstensohn!“

„Hast du ihn vernommen, den Gesang?“ fragte Aequitas Rangolfen jezt, und als er mit

Ja hierauf antwortete, redete ihn Humanitas an:

„Es ist nicht genug, daß du ihn vernommen hast — befolge nun auch die Lehren, welche er enthielt. Dann kannst du aber auch versichert sein, daß ich in jeder Lage deines Lebens schützend dir zur Seite stehe. — Siehe, Fürst! du glaubtest bei jeziger Mahlzeit — bei der Kannibalen zurückgeschaudert sein würden! — mich vertilgt zu haben. Täusche aber dich nicht, denn Humanitas wird nie vertilgt — so oft ihr Gefahren drohen, flieht sie zum Himmel, von welchem sie stammt, und giebt blos ein Afterbild von sich der Muth blinder Barbaren Preiß. — Wünsche nie wieder, daß ich deinen Thron, daß ich dein Land verlasse, denn nur wenn ich geflohen bin, leitet nicht die Weisheit des Fürsten Schritte mehr, ist er allaugenblicklich in Gefahr, vom dem Throne, welchen er auch mit Unrecht behauptet, gestürzt zu werden!“

Dem gebesserten,
Wachsamen,
Menschlichen } Rangolf,
Behüt' uns lieber Herre Gott!

Sangen, indem Humanitas also gesprochen hatte, die guten Vögel. Rangolf trat anfänglich bestürzt, und in der Verwirrung der Schaam einen Schritt zurück, aber bald sammelte er sich wieder.

„Ha! so seid ihr nicht vernichtet — rief er halb wehmüthig halb freudig aus — so hab' ich denn euch wieder ihr sanften Leiter auf dem Wege des Guten? Tausend, tausend Male mir willkommen! Nichts trennt Rangolfen je wieder von euch, er wird euch pflegen und hegen, und sein Unrecht wenigstens zur Hälfte wieder gut zu machen, suchen! — Aber dich, majestätische Richterin! auf deinem ebenen Throne, dich fleh' ich an, laß — o laß nie wieder die bösen Vögel bei mir haußen!“

„Ewig unabänderlich — sprach die Unsterblichkeit — sind die Aussprüche des Schicksals! dein Vogelkasten werde also eingerichtet nach wie vor. Du kennst seine ganze Beschaffenheit, und ob er dir zur Freude oder Last gereichen solle, hängt blos von dir ab. Bei der Pflege der Vögel vergiß nur nie, wie Medor dieses nie vergaß, das Stöckchen. —“

„Noch eins, bevor wir scheiden — sprach Aequitas. — Du erkennst leicht, daß die Wollust dich irre führte, und mußt also auch in ihre Vorschriften Mistrauen setzen. Falsch, grundfalsch sind die Lehren, welche sie dir gab, und führen unausbleiblich zum Verderben. Merke dir deshalb, was dir Justitia sagen wird."

„Rede, Justitia! ich werde deine Befehle befolgen!" sprach ungeduldig Rangolf. Justitia sprach demnach:

„Das Gesetz, ein Kind der Vernunft, ist über den Fürsten!"

„Das Land ist nicht des Fürsten, der Fürst des Landes wegen, da!"

„Nicht wenn du gefehlt hast, opfre deinen Priestern, sondern wenn du zu fehlen gedenkst, frage deine Weißen!"

„Denke stets an den Fürstengesang!"

„Ja, das will ich — rief muthig Rangolf aus — Seht, hier am Throne der Unsterblichkeit

keit knie' ich nieder, und gelobe feierlich; dem, was Justitia mir gebot, nachzukommen!"

„Heil, Heil und Segen unserm edeln Fürsten!" rief das Volk.

„Ja, Segen wird dich begleiten, sprach die Unsterblichkeit, Segen hier und dort, wenn du deinem Versprechen gemäß handelst! Ich werde dann dich einst als zärtliche Mutter in deine Arme schließen. — Wo aber auch — — — —"

Hier schwieg die Göttin, dichte Nacht verhüllte sie, und ihre Begleiterinnen von neuem. Eine bange, erwartungsvolle Stille von einigen Minuten, und nun raßte der Sturm, als wollt' er im weitem Raume die Gestirne aus ihren Angeln reissen, und gegen einander schleudern. Ha! und jezt krachte die Erde, als borstete sie mitten entzwei, von allen Seiten fuhren Blitze nieder auf sie, und wo einer nieder fuhr, flammte verheerendes Feuer auf. Jammergeheul erfüllte alles, und eine Stimme, wie die eines tausendfachen Donners, wenn er in Felsklüften doppelt schrecklich wiederhallt, rief: „Wir sehen uns wieder!

„Wie? Ew. Königliche Majestät sind ungehalten auf den Erzähler? — Nicht doch, halten Höchst Dieselben einen Augenblick nur noch mit der Befolgung des gnädigsten Urtheilsspruches, daß Ketten auf dem Zuchthaus der Lohn für meine Erzählung sein sollen, zurück. Es ist gewiß, daß Ew. Königl. Majestät von meiner Wenigkeit — doch was sag' ich Wenigkeit? — von mir der eine Null ist, nicht wissen können, daß ich den Grundsatz befolge, welchen ich vor die Allerhöchsten Ohren Ew. Königl. Majestät jezt allerunterthänigst bringen zu dürfen, mich zu bitten unterstehe. Er heißt nämlich:

„Suche immer, selbst bei deinen geringfügigsten Arbeiten, dem Leser zu nutzen!“

Wie aber könnt' ich mit einer Arbeit mehr nuzzen, als wenn ich dadurch die wichtige Ruhe Ew. Königl. Majestät selbst bis zum kleinsten Umstand hinab, zu befestigen trachte. Als eifriger Patriot, als der allerunterthänigste Verehrer Ew. Königl. Majestät, kann und darf mir nichts so sehr am Herzen liegen, denn wer es wagen könnte diese zu stören, ha! welche Strafen, welche Martern wären gräßlich genug, um dem Bösewicht nur zur

Hälfte

Hälfte fühlen zu lassen, was er verbrach. Die Fliege die sich stechend auf die Allerhöchste Nase Ew. Königl. Majestät zu setzen nicht entblödet, die Mücke, die sich tollkühn erdreustet einen Tropfen Allerdurchlauchtigsten Blutes aus dem Allerhöchsten Körper Ew. Königl. Majestät zu ziehen — — ha! mit diesen Händen — Ew. Königl. Majestät belieben meinen gerechtesten Grimm zu beobachten, denn die folgende Stelle wird pathetisch sein, — ha! mit diesen Händen könnt' ich die Ungeheuer erwürgen — doch nein! schneller Tod wäre Wohlthat für sie, unter Martern der Hölle sie langsam hinsterben lassen, und dann der Hölle zuschicken!

Wo blieb ich? Was wollt' ich sagen? Die Wuth hat mich ganz von Sinnen gebracht! Ja, also — — als dieser eifrige Patriot, als dieser große Ruhebeförderer Ew. Königl. Majestät wünsch' ich nichts sehnlicher, als daß auch nie ein böser, heimtückischer, der Hölle entflohene Traum es wage, Höchstdieselben zu beunruhigen. Um also Höchstdieselben im Voraus dafür zu sichern, erzählt' ich meine Fabel: —

Beruhigen sich also Höchstdieselben, denn es war alles nur ein Traum. Träume aber sind Säume."

Durch das schreckliche Krachen der berstenden Erde wurde Rangolf aus seinem Schlaf aufgeschreckt. Kalter Schweiß stand auf seiner Stirn, und er konnte sich noch in einigen Minuten nicht besinnen, ob er wirklich nicht geträumt habe.

Es mußte aber wohl nur ein Traum gewesen sein, denn neben ihm lag ja seine reizende Betty. Sie schlummerte so sanft, und ihre Miene lächelte auch im Schlummer. Sanft hob sich der elastische Busen. Ach! wie kann ich weiter erzählen, was er alles sah, wohin er auch bei Betty blickte, war alles mit sanftem Reiz geschmückt. Er betrachtete sie in Entzücken verloren, eine sanfte Wallung schien ihn himmelan zu heben, er vergaß den Traum, die Welt um sich her, und sich selbst, und schmiegte sich in Bettys Lilienarm.

Die Holde erwachte. Ein schlauer schmachtender Blick war es, den sie auf Rangolf warf, und mit sanftem Ungestüm drückte sie ihn an ihre Brust.

Brust. Ein Kuß den er dieser aufdrückte, versetzte ihn unter die Götter. Kürzer ward der Athem und stürmischer, und jezt beseligte sie Amor mit seiner höchsten Gunst. . . . . .

Dieses war das Ende erst meiner Erzählung, die weiter nichts zur Absicht hatte, als Ew. Königl. Majestät allerhöchste Ruhe. Wie leicht, so dacht' ich, wäre es nicht möglich, daß auch Höchstdieselben von einem Traume dieser Art beunruhigt würden. Könnten sich Höchstdieselben darüber nicht Sorge machen?

O es sei weit entfernt, daß diese Herzen Nagerin bei Ew. Königl. Majestät sich einlogire.

Zur Zeit hat es aber noch den Anschein nicht. Ihre Minister und Räthe sorgen für das Land, das Land für die Bedürfnisse Ew. Königl. Majestät, und daß kein böser Traum es wage, manche reizende Betty. — —

O, das glaubt' ich gleich, daß Ew. Königl. Majestät gerecht genug wäre, den Urtheilsspruch

zurück

zurück zu halten, und mich vielmehr mit dem Orden des Verdienstes zu beehren, der ich ersterbe

Ew. Königl. Majestät

Meines Allerdurchlauchtigsten

Königs und Herrn

allerunterthänigster Knecht.

www.ingramcontent.com/pod-product-compliance
Lightning Source LLC
Chambersburg PA
CBHW030617270326
41927CB00007B/1213
* 9 7 8 3 7 4 3 4 5 7 0 7 2 *